Karlheinz Binder

Quer gedacht

Notizen eines Managers

KARLHEINZ BINDER

Quer gedacht

NOTIZEN EINES MANAGERS

R. Brockhaus Verlag Wuppertal

Die einzelnen Beiträge wurden zum ersten Mal in einer Serie der Zeitschrift «Geschäftsmann & Christ» veröffentlicht. Das Buch entstand in Zusammenarbeit mit der Redaktion und der Internationalen Vereinigung Christlicher Geschäftsleute (IVCG), Zürich.

2. Auflage 1997

Gestaltung: Kirchhofer Editorials, CH-4055 Basel
Fotos im Innenteil: S. 111: Aerni; 59: Bachmann; 103: Basler, 27, 42, 46, 63, 78, 91, 96, 107, 119: Giger; 50, 86: Kirchhofer (alle Ki-Archiv, CH-4055 Basel)
Druck und Bindung: Clausen & Bosse, Leck
ISBN 3-417-24659-8

Inhalt

Status quo

«Hier sind die letzten Unterlagen für die Schlußbesprechung», sagte meine Sekretärin und gab mir die Blätter in die Hand. Ich prägte mir noch einmal die wichtigsten Zahlen ein, legte alles in meine Konferenzmappe, und gerade als ich sie zuklappte, steckte mein Kollege Kurt Stoll seinen Kopf durch den Türspalt und fragte: «Hast du noch einen Moment Zeit, bevor wir rübergehen?» Ich rückte ihm einen Stuhl zurecht, er setzte sich und brannte eine Zigarette an: «Ich brauche deine Schützenhilfe, wenn wir nachher die Planzahlen für nächstes Jahr endgültig verabschieden. Krug», das war unser Finanzchef, «ist der Meinung, für unser Entwicklungsprojekt ‹Elektronische Qualitätsüberwachung› reicht die gleiche Summe wie in diesem Jahr. Aber ich brauche mindestens 50 Prozent mehr. Ich gehe heute damit auf den Chef los, und Krug wird sich querlegen. Kann ich mit dir rechnen?» Ich nickte, hakte ihn unter und zog ihn auf den Flur.

Als wir wieder aus dem Konferenzraum herauskamen, war es draußen schon finster geworden, es hatte angefangen zu schneien, und im Licht der Lampen am Eingang der Empfangshalle sah man, wie sich die Büsche und Bäume unter einem heftigen, kalten Wind beugten.

«Danke», sagte Stoll zu mir, «du warst große Klasse, als du meine Argumente aufgegriffen und verstärkt hast. Das war schon bundesligareif, wie wir uns den Ball zugespielt und Tore geschossen haben. Krug ist zwar sauer, aber ich habe das Geld.» – Wir blieben stehen und sahen hinaus in die winterliche Dunkelheit. «Übrigens», fügte Stoll an, «ab Montag gehe ich für drei Wochen in Skiurlaub, wir sehen uns also vor Weihnachten nicht mehr. Ich wünsche dir schon heute von Herzen frohe Feiertage und für das neue Jahr: Bleib, wie du bist!»

Ich ging zurück in mein Büro, weil ich noch sehen wollte, was meine Sekretärin in der Zwischenzeit alles für mich notiert hatte. Die letzten Worte von Kurt Stoll gingen mir nicht aus dem Kopf: «Bleib, wie du bist.»

Ich erinnerte mich an meinen Großvater, für den diese Worte grundbestimmendes Lebensprinzip waren. Von den ersten Tagen meiner Kinderzeit kannte ich ihn über fünfundzwanzig Jahre lang, und immer war er sich, wie man so sagt, treu geblieben als ein aufrechter, kluger, kultivierter Mann mit klaren Grundsätzen. Da gab es kein Abweichen, keine Überraschungen. In gewisser Weise war er zu jeder Zeit berechenbar, und wohl deshalb langweilte ich mich immer in seiner Gegenwart. Ich versuchte, sein Herz zu entdecken, und stieß auf Haltung.

Doch einmal geschah etwas. Es war zu Weihnachten. Großvater hatte sich, wie er das jedes Jahr tat, den ganzen Vormittag des Heiligabends in der guten Stube eingeschlossen, um den Tannenbaum zu schmücken. Niemals überließ er das einem anderen. Und als er uns dann durch

Glöckchenläuten zur Bescherung Einlaß gewährte, war es erneut ein Erlebnis, sein Kunstwerk zu sehen. Er hatte eine Begabung für Weihnachtsbäume. Wir beglückwünschten ihn herzlich für die meisterliche Dekoration, und als wir mitten bei der Bescherung waren, erstarrte Großvater förmlich, blickte angestrengt in die Zweige, die bunten Kugeln und das Engelshaar und erklärte, da gäbe es eine das Gesamtbild entstellende Asymmetrie, mehr noch, schon fast ein Loch in der Zuordnung des Christbaumschmucks, und schon eilte er mit der Stehleiter herbei, drängte uns, Platz zu machen, klappte die Leiter auseinander und erklomm sie, den Blick fest auf das Ärgernis gerichtet. Er beugte sich weit hinüber, nahm eine der weißbereiften Kugeln von ihrem Ast, verlor das Gleichgewicht, Tannenbaum und Großvater umarmten sich, sanken förmlich ineinander, und unter Klirren, Knacken und Fluchen gingen sie vereint zu Boden, mitten in dem stattlichen Paradiesgarten, der sich unter Großvaters Gewicht zurückverwandelte in einen vorschöpfungsähnlichen Zustand. Und als Opa da mitten in den Trümmern seines gefühlvollen Festes lag, liebte ich ihn. Seine schwächste Stunde war für mich zu seiner stärksten geworden. Er war eine gefallene Respektsperson, ein Mensch.

Nein, ich wollte nicht so bleiben, wie ich war, so gut das Kurt Stoll auch gemeint hatte. Sagten wir nicht immer wieder zu unseren Mitarbeitern, daß Stillstand Rückgang sei? Betonten wir nicht ständig, daß Zukunft ohne Wachstum nicht möglich ist, daß Leben nur dort geschieht, wo Veränderung stattfindet?

Da stellte ein Christ in einem Vortrag, den er neulich hielt, die verblüffende Frage: «Was muß ein Mensch tun, um garantiert das Ziel seines Lebens und damit die Ewigkeit zu verfehlen?»

Und seine Antwort? «Bleib, wie du bist, und rühr dich nicht!»

Hatte darum Johannes der Täufer seine Zuhörer so dringlich und mit aller Leidenschaft ermahnt, Buße zu tun? Nachzusinnen über ihre Art, zu leben und zu denken, mit der Bereitschaft für Konsequenzen? Heraus aus ihrer selbstbetrügerischen Sicherheit und der Erstarrung in Gewohnheiten, die wir und vielleicht sogar andere an uns gut finden, die aber in den Augen Gottes einen ganz anderen Stellenwert haben? Wollte Johannes Menschen bereit machen zu einer lebendigen Begegnung mit Jesus Christus, als er ihnen zurief: «Bereitet dem Herrn einen Weg»? Mitten hinein in unser Leben? Nicht Status quo, sondern Aufbruch, Dynamik?

«O Gott», sagte ich und sah aus dem Fenster hinaus in die Winternacht, «laß mich nicht so bleiben, wie ich bin. Ich will leben, wachsen. Nimm mir alle meine Standpunkte weg, auch wenn ich Angst habe, damit Sicherheiten einzubüßen. Schick mich durch Lernprozesse, durch Krisen, damit ich reife und klug werde für das, was Du Deine Ewigkeit nennst. Gib mir, gib uns ein wirklich und wahrhaftig neues Jahr.»

Der Glücksfall

«Kraft durch Feindschaft» war der Artikel im Fachblatt überschrieben, und die Redaktion hatte das extra groß und extra fett drucken lassen, so als handle es sich um eine neue, epochale Erkenntnis und zukunftsorientierte Management-Philosophie.

Immer wenn die Konjunktur prächtig lief, sprach man mit ernsten, feierlichen Gesichtern davon, daß der Mensch als Mitarbeiter, Lieferant und Kunde im absoluten Mittelpunkt des Denkens und des Handelns stünde, und kam Stagnation, erklärte man den Markt zum Schlachtfeld, den Mitbewerber zum Feind, den Außendienst zur Speerspitze und die eigene Tüchtigkeit zum explosiven Sprengsatz, mit dem man die Umsätze hochjagen würde. Und was vorher so eifrig beschworen wurde, das legte man ganz zuunterst ins Schubfach zur Wiedervorlage bei Sonnenschein.

Vor vielen Jahren, ich war junger Management-Eleve in einem norddeutschen Unternehmen, hatte ich das zum ersten Mal erlebt. Auch da waren die Zuwachsraten bei Umsatz und Gewinn gegen Null gefallen, und der Chef brachte das obligatorische Azteken-Opfer: Er eliminierte den Verkaufs- und den Einkaufschef, denn beide hätten von Amts wegen diese Entwicklung voraussehen und ihr begegnen müssen.

Und dann kam dieser denkwürdige Tag, als der neu engagierte Einkaufsboß meine idealistischen Ansichten über angemessene Verhaltensweisen im geschäftlichen Leben auf den Boden der Realitäten stellte:

Als die Herren der Geschäftsleitung und wir Jungen aus dem Führungskader das Firmencasino betraten, waren schon sämtliche Mitarbeiter des Bereiches Materialwesen versammelt. Fast wirkten sie wie eine gute, große Familie, die Leute vom Einkauf, dem Zentrallager und der Verwaltung für Büromaterial und Organisationsmittel.

Sie hielten ihre Sekt- oder Orangensaftgläser je nach Veranlagung in der Linken oder Rechten, und ich ahnte: Der Beifall für den Chef, der sie alle zusammengerufen hatte, um eine Rede zu halten, würde zu seinem Mißfallen wieder einmal schwach sein, weil Menschen, die etwas festzuhalten haben, nun eben mit einer Hand nicht applaudieren können. Regiefehler, allen geläufig und immer wieder neu begangen.

«Ich möchte Ihnen heute», sagte er, «Ihren neuen Vorgesetzten, Herrn Wolfgang Hoppe, vorstellen. Er übernimmt als Mitglied unseres obersten Führungsgremiums die Verantwortung für den gesamten Bereich Materialwirtschaft, und ich hoffe, daß Sie mit ihm genauso gut und harmonisch zusammenarbeiten werden wie mit seinem Vorgänger.

Lassen Sie mich noch eines betonen: Ich empfinde es als Glücksfall, daß wir diesen Mann für unser Unternehmen gewinnen konnten.»

Hoppe griff in die rechte Innentasche seines dunkelblauen Anzugs, zog eine Lochkarte heraus, auf deren Rückseite er sich Notizen gemacht hatte, und ich fühlte so etwas wie spontane Verbundenheit mit ihm, denn ich besaß die gleiche Vorliebe für diese Art von Manuskripten, wenn es auch immer schwieriger wurde, überhaupt noch welche zu bekommen, denn Magnetbänder und -platten hatten sie weitgehend verdrängt.

Wolfgang Hoppe lächelte verbindlich: «Meine sehr verehrten Damen und Herren, liebe Mitarbeiter», und dann sprach er, wie wichtig gerade in dieser Zeit es sei, jeden, aber auch jeden Einkaufsvorteil zu nutzen, denn genau hier lägen die in der Vergangenheit sträflich vernachlässigten Potentiale, die das Betriebsergebnis wesentlich beeinflußten. «Und das», setzte er fort, «verlangt von uns eine Konsequenz: Bei den Konditionen herauszuholen, was überhaupt nur herauszuholen ist. Ressentiments, alte Freundschaften, edle Emotionen und philanthropisches Gehabe sind hier fehl am Platz, und wer meint, weiter in diesem Sinn handeln zu müssen, der sitzt auf dem falschen Stuhl. Wir sind mitten im Kampf, und im Markt siegen wird nur derjenige, der knallhart, entschlossen und ohne Gefühlsduselei handelt, pausenlos angreift und den Gegner durch Trommelfeuer sturmreif schießt.

Ich bin ein toleranter, kooperativer und gerechter Mensch und Vorgesetzter. Ich erwarte von Ihnen Mitdenken, Mitverantwortung, absolute Loyalität und nicht die geringsten Ressentiments, und wem das nicht paßt, dem sage ich in aller Freundschaft: Er hat die Freiheit zu kündigen.

Möchte dazu jemand etwas sagen?»

Ich drehte den Kopf nach rechts zu meinem Freund Bernd König, der neben mir stand. Er sah meinen Blick und flüsterte ganz langsam und leise: «Es sind seine Leute, misch dich da nicht ein, sonst bist du ein toter Mann!»

Wir gingen aus dem Raum, schweigend und nachdenklich, und ich hörte, wie ein Abteilungsleiter aus dem Einkauf zu einem anderen sagte: «Ich gebe ihm zwölf Monate, dann ist er wieder verschwunden, und wir haben Jahre zu tun, um das zu reparieren, was er kaputtgemacht hat.»

Warum, dachte ich und sah wieder auf den Artikel im Fachblatt, warum wechseln wir, sobald Krisen anstehen, von der Sprache des Herzens zum Faustrecht, vom kreativen Mitdenken zum Diktat des Kadavergehorsams, vom Wettbewerb zum Feindbild?

Müssen denn immer wieder in problematischen, schwierigen Zeiten und Situationen Gewerkschaften und Arbeitgeber, Konservative und Liberale, Reformer und Traditionalisten, Ehemänner und Ehefrauen, Alte und Junge mit harten Worten und harten Fäusten aufeinander losgehen, sich auseinandersetzen anstatt zusammenzustehen?

Da gibt es Vorgesetzte, die schlagen eine breite Schneise der Frustration quer durch die Mitarbeiterschar. Und jede Mark, die sie eingespart haben, kostet in Wahrheit fünf Mark, weil eine demotivierte Belegschaft den Schwung und die Begeisterung verloren hat, innerlich kündigt und Dienst nach Vorschrift macht, und das wirkt sich zersetzend in unseren Märkten aus.

Bei Schönwetter blähen sich unsere großen, erhabenen Worte und Phrasen wie Segel, und wir machen damit flotte Fahrt. Bei Krisen aber kommt die Substanz zum Vorschein, wer wir wirklich sind, wie es um unser Wesen und unseren Charakter bestellt ist.

Sollte man, überlegte ich, mal kritisch analysieren, wie es bei einem selbst aussieht?

Da hielt Jesus Christus seine so berühmt gewordene Bergpredigt. Er sprach vor vielen Leuten, unter ihnen auch erfolgreiche, tüchtige, angesehene, selbstzufriedene, sich gerecht fühlende, von sich überzeugte Menschen.

Seine Rede begann mit einer ungeheuerlichen Provokation: «Selig sind die Sanftmütigen, denn sie werden das Erdreich besitzen.» So ein Satz steht konträr zu jeder gängigen Managementlehre, er ist für Geschäftsleute, Politiker, für karrierebewußte Dynamiker ein Ärgernis. Aber originales, pures, unverdünntes Evangelium ist das immer. Empörende Herausforderung mit Ecken und Kanten, an denen man sich Herz und Gewissen wund stößt, und das ist gut so.

Solche Sätze halten uns kritisch, selbstkritisch. Lassen uns immer wieder heilsam zweifeln an dem, was unsere Überzeugungen sind. Lassen uns irre werden an der Art und Weise, wie wir leben und von uns denken. Lassen uns nicht zur Ruhe kommen.

Auseinandersetzung mit dem Evangelium erhält lebendig. Wer anfängt, sich selber gut zu finden, der fängt an, innerlich abzusterben, der liegt im Gleichgültigkeits-Koma gegenüber Gott.

Leben Sie noch?

Der Geheimnisträger

Es war einer jener Wintertage, die man für lange Zeit im Gedächtnis behält: tiefblauer Himmel, leuchtende Sonne, Rauhreif an allen Bäumen, Zäunen und Büschen. Fast windstill. Die Fahnen vor dem Thermalbad hingen bewegungslos an ihren hohen Masten.

Ein Schlitten mit fröhlichen Kurgästen fuhr vorüber, die Schellen am Geschirr der beiden Pferde klirrten und läuteten, und der Schnee knirschte unter den Kufen.

Ich atmete die klare Luft ganz tief und bewußt ein, während ich von meinem Hotel langsam hinüberging zum Kongreß-Zentrum. Für die nächsten Stunden würde ich dort unter Kunstlicht und Klimaanlage sitzen und mir Vorträge anhören, aber gegen elf Uhr, so stand es im Programm, waren dreißig Minuten Kaffeepause, die würde ich nützen, um wenigstens zwischendurch der Sonne guten Tag zu sagen.

Vor der Saaltür traf ich Erich Weinberger, Inhaber und Chef einer mittleren Firma, der in der Branche den Ruf genoß, tüchtig und ideenreich zu sein.

«Haben Sie schon einen Platz?» fragte er, als wir uns die Hand gaben. «Wenn nein, setzen wir uns zusammen?»

Ich mochte ihn. Er war einer, mit dem man reden konnte. Bei ihm gab es kein Blabla, gleich von den ersten Sätzen an wurden Gespräche mit ihm konstruktiv. Es war ein Gewinn, ihn zu kennen, und das hatte ich ihm auch einmal gesagt. Seitdem waren wir uns nähergekommen. Noch nicht Freunde, aber auf dem direkten Weg dorthin.

In den letzten Monaten hatten wir viel über die Frage nach dem Sinn unseres Lebens gesprochen, waren tief hinabgetaucht in Regionen, wo das Grundsätzliche zum Persönlichen, zur Anfrage an uns selber wird. Ich erfuhr ihn immer wieder als einen klugen, unpathetischen und konsequenten Denker, und das war wohl auch der Grund, warum er geschäftlich Erfolg und menschlich viele Sympathien hatte. Nur an einer einzigen Stelle gab es bei ihm einen seltsamen Bruch: Wenn ich auf das zu sprechen kam, was die Konsequenz unseres christlichen Glaubens ausmacht, unser ganz persönliches Verhältnis zur Frage nach Jesus Christus, da wich er mir aus, wurde wortkarg, wechselte das Thema. Hatte er sich damit noch nie befaßt und fühlte sich deshalb unsicher? Zählte er das zu seinem Intimbereich, und war es ihm peinlich, darüber zu reden? Gab es vielleicht gerade hier bittere Erfahrungen oder womöglich Verletzungen in seinem Leben?

Die nächsten zwei Stunden waren gefüllt mit Eröffnungsreden, Grußworten, Referaten, aber ich war nicht recht bei der Sache, zu schön war der Tag da draußen.

Ich sehnte förmlich die Pause herbei, und als der Moderator verkündete: «Wir unterbrechen jetzt für eine halbe

Stunde und treffen uns um elf Uhr dreißig wieder hier im Plenum», da stieß ich Weinberger an: «Kommen Sie, wir gehen vor die Tür, die Luft und die Sonne genießen.»

Wir holten unsere Mäntel aus der Garderobe, versicherten den mißtrauisch äugenden Kollegen, daß wir ganz bestimmt und auf Ehre wiederkämen, und ich hakte Weinberger unter. Als wir ins Freie traten, schaute er auf das zauberhafte Panorama und sagte: «Ist das schön, mein Gott, ist das schön!» – «Womit wir schon beim Thema wären», ergänzte ich lachend und sah ihn von der Seite an.

Eine ganze Weile ging er schweigend neben mir her, dann blieb er stehen, wandte sich mir zu, und als er redete, klang seine Stimme rauh: «Sie wissen es ja längst, daß ich die Frage nach Gott vor mir herschiebe, und ich sage Ihnen jetzt auch den Grund: Es gibt da ein Konto in der Schweiz, ein Nummernkonto, von dem mein Finanzamt nichts weiß. Was passiert, wenn ich wirklich ernst mache mit diesem Jesus Christus? Was sind die Konsequenzen? Für mein Geld? Für mich selber? Sie wissen, daß ich Sie mag und schätze, deshalb sage ich Ihnen das auch, aber bitte, lassen Sie mich in Ruhe, mit dem einen und auch mit dem anderen.»

Er ging nicht wieder mit hinein ins Kongreß-Zentrum. Vor dem Eingang legte er mir die Hand auf die Schulter, drehte sich um, und seitdem haben wir uns aus den Augen verloren.

Ich weiß, Erich Weinberger wird nicht aufhören, nach dem Sinn seines Lebens zu fragen, aber er wird der Antwort an Gott auch weiterhin ausweichen. Es war deutlich geworden, weil er es nicht länger aushielt, mir gegenüber ein schlechtes Gewissen zu haben. Und vor Gott?

Handelte er nicht wie Jakobs Sohn Esau, der sein Erstgeburtsrecht an seinen Bruder für ein Linsengericht verkaufte, nur weil ihm im Augenblick der Hunger näher war und das andere in so weiter Ferne?

Da sagt Jesus Christus: «Ich gehe jetzt hin zu meinem Vater, um euch allen, die ihr an mich glaubt und euer Vertrauen und eure Hoffnung in mich investiert, eine Heimat zu bereiten», und Erich Weinberger tauscht das ein gegen ein Nummernkonto in der Schweiz, weil ihm das Geld näher ist als das andere in so weiter Ferne.

Sind wir im Grunde nicht genauso? Wir können unser Geburts- und Heimatrecht einwechseln gegen ein hohes Gehalt, gegen das schulterklopfende Wohlwollen des Chefs, der Kollegen und unserer Bekannten. Wir können es eintauschen gegen Erfolg und die Befriedigung unserer Wünsche und Erwartungsmodelle, das Ewige gegen das Zeitliche. Wie heißt dein Nummernkonto, Karlheinz Binder?

Die Entdeckung

Die große Bahnhofsuhr zeigte genau 7 Uhr 24, als ich meine Autotür zuschloß. In sieben Minuten würde mein Zug fahren, ich war gut in der Zeit.

Auf der Treppe zum Gleis drei traf ich Joachim Schwarz. Wir kannten uns von kulturellen Veranstaltungen und begegneten uns des öftern auch bei gesellschaftlichen Anlässen. Er war Chefredakteur einer angesehenen Fachzeitschrift, und beide, sowohl er als auch sein Blatt, genossen einen guten, soliden Ruf.

«Wo geht es hin?» fragte ich ihn.

«München», sagte er, «und Sie?»

«Frankfurt.»

Wir drehten im Großraumwagen des Zuges zwei Einzelsitze zueinander und, um das Gespräch in Gang zu bringen, forschte ich neugierig: «Wie war das Wochenende?»

«Interessant, höchst interessant», lächelte er, «und ungewöhnlich.» Ich beugte mich interessiert nach vorn: «Schießen Sie los!»

«Ja», sagte er, «eigentlich fing es als ein ganz normaler Sonntag an. Die Kinder machten einen Ausflug mit Freunden, und auf diese Weise waren meine Frau und ich ganz allein, und wir machten es uns so richtig gemütlich.

Wir saßen beim Frühstück, ließen uns die Brötchen schmecken und ich mir ganz besonders den Kakao. Der gehört für mich zu einem richtig schönen Wochenende. Wir hatten das Radio an und hörten Musik. Dann kamen die Nachrichten. Nichts Besonderes, nichts Weltbewegendes: Ein prominenter Politiker hatte gefordert, daß die europäische Einigung weiter beschleunigt werden müsse, das Bruttosozialprodukt und die Wirtschaftsdaten lagen fast genau innerhalb der gesteckten Rahmenwerte, die Nationalelf hatte am Sonnabend ihr Länderspiel knapp mit 4:3 gewonnen, und im Hafen von Agrigento waren zwei Fährschiffe miteinander zusammengestoßen, Personen wurden nicht verletzt. Das Wetter würde sonnig bleiben und keine Behinderungen auf den Autobahnen und Fernstraßen.

Und dann fragte mich meine Frau, wo eigentlich dieses Agrigento läge, und ich zuckte mit den Schultern und sagte, ich wüßte es nicht, irgendwo am Mittelmeer. Der Name klinge italienisch, aber ich könne ja mal nachsehen im großen Schulatlas unseres Sohnes, weil mich das jetzt selber interessierte.

Ich ging also die Treppe hinauf in sein Zimmer. Er hatte seine besondere Art, Dinge aufzubewahren – er nannte das eine kreative Systematik, ich Chaos -; als ich also versuchte, mich darin zurechtzufinden, um den Atlas zu entdecken, stieß ich auf ein Buch, das mich von seiner originellen Aufmachung her anzog. Es war in Jeans-Stoff gebunden, und auf der Vorderseite war ein Lederetikett aufgenäht, so wie Burschen es auch auf ihren Hosen tragen. Ich nahm es in die Hand und las: ‹Die Gute Nachricht›, und als ich in ihm blätterte, war es eine Bibel, ein Neues Testament, flott und verständlich formuliert, übersichtliches Schriftbild, gute Typografie. Sie wissen, als Journalist sieht man so etwas ja mit anderen Augen. In gewisser Weise war ich überrascht, sozusagen im doppelten Sinn. Zum einen, daß es so etwas Modernes gab, und zum anderen: Ich hatte nie gewußt, daß mein Sohn eine Bibel besaß. Las er sie auch? Warum? Nahm er das ernst, oder war das vielleicht eine Art intellektuelle Auseinandersetzung mit einem Buch, das man als wacher und denkender Mensch eigentlich gelesen haben sollte? Ich hatte mir das seit vielen Jahren selber vorgenommen, aber nie hatte ich die Zeit und die innere Stimmung dazu gefunden. War mein Sohn womöglich konsequenter?

Ich setzte mich auf die Bettkante und vertiefte mich in den Inhalt, und plötzlich begriff ich: Das war gar nicht ein weltfremdes, veraltetes, uns nichts mehr angehendes Buch, sondern ich war betroffen, nein mehr: Ich war getroffen von dem, was ich da las. Das war hautnah, zupackend, das zielte auf mich.

Irgendwann muß meine Frau wohl unruhig geworden sein, weil ich nicht wiederkam. Und sie fand mich im Zimmer meines Sohnes, ganz konzentriert. Sie setzte sich neben mich und sagte: ‹Das muß aber spannend sein, was du da hast, lies vor.› Und dann ging es ihr ähnlich wie mir.»

Joachim Schwarz lachte mich an, ohne das geringste Zeichen von Verlegenheit, die wir doch sonst immer haben, wenn das Gespräch auf die Frage nach Gott kommt. «Es war schon ein interessanter, ein seltener

Nachmittag gestern. Wenn ich als Journalist dafür eine Headline formulieren müßte, dann wäre es wohl diese:

‹Columbus suchte Agrigento und entdeckte eine neue Welt›.»

Der Zug verlangsamte sein Tempo. Wir würden gleich in Karlsruhe sein, wo ich umsteigen mußte. Ich nahm meinen Koffer, gab Schwarz die Hand, herzlich und mit dem festen Druck des inneren Einverständnisses, und stieg aus.

Warum, überlegte ich, warum denken wir Menschen so wenig darüber nach, was es heißt, die Bibel zu haben? Gott hat sich in ihr uns mitgeteilt. Alles, was wir über den Sinn unseres Lebens, über Gottes Liebe, über seine Zuwendung durch Jesus Christus wissen sollten und wissen können, steht in diesem Buch. Lesbar, greifbar, begreifbar, jederzeit.

Worte, die erschüttern, mahnen, erschrecken, trösten, heilen, Zuversicht geben, Hoffnung begründen, Entscheidung abverlangen. Worte der Liebe, der Gnade, der Freiheit, der Freude.

«Nehmt euch das alles zu Herzen», sagt Gott den Israeliten, «denn es sind nicht leere Worte, sondern es ist euer Leben.» Und Jesus Christus vertieft das und sagt seinen Zuhörern: «Der Mensch lebt nicht vom Brot allein, sondern von jedem Wort Gottes, denn die Worte, die ich rede, die sind Geist und sind Leben.»

Joachim Schwarz suchte Agrigento und entdeckte eine neue Welt.

Das Notizbuch

Die Situation war peinlich. Wir standen uns gegenüber, Gregor Mahlmann hinter seinem Schreibtisch, eine Hand auf die Platte gestützt, die andere umklammerte die Seitenkante, als wolle er sich und das Möbelstück festhalten, und ich mit dem Aktenkoffer in der Hand frei im Raum.

«Nun ist es also soweit», sagte er, ohne mich dabei anzusehen. «Ja», erwiderte ich, und es blieb bei diesem einen Wort.

Seit fünf Jahren leitete er das Unternehmen, und in der Anfangszeit waren wir alle sehr von ihm beeindruckt. Optisch von seiner breitschultrigen Figur mit einem Gardemaß von einem Meter und achtundachtzig Zentimeter, akustisch von seiner volltönenden Bruststimme, deren Variationsbreite vom murmelnden Pianissimo bis hin zum durchdringenden Feldgeschrei reichte. Vom Start weg hatte er ein enormes Tempo vorgelegt, und alle, die sagten, das würde er nicht lange durchhalten, mußten ihre Meinung revidieren.

Er blieb aktiv, voller Dynamik, steckte Zwölf-, Vierzehnstundentage mühelos weg, und mehrere Male erlebte ich es, daß uns Geschäftspartner beglückwünschten, einen solchen Mann im Konzern zu haben.

Im Anfang qualmte er noch Zigarren, zehn oder zwölf am Tag, aber als sich die Ansicht bildete, ein selbstbewußter Mann dürfe unmöglich in aller Öffentlichkeit demonstrieren, daß er die orale Phase noch immer nicht überwunden habe, hörte er in einem Akt energischer Selbstzucht von einem Tag auf den anderen mit dem Rauchen auf. Und damit wuchs die Schar seiner stillen Bewunderer.

Aber nach rund drei Jahren fing die Firma, die er im Unternehmensverbund leitete, allmählich an zu stagnieren, und dieser Stillstand ging mit wachsender Beschleunigung in einen Abwärtstrend über.

Alarmiert griff die Konzernleitung ein. Die Analyse ergab: Organisatorisch war alles in Ordnung, Märkte wurden gründlich bearbeitet, die Kunden hervorragend betreut, aber sie kauften immer weniger, weil, wie sie sagten, die Konkurrenz den besseren technischen Standard habe und inzwischen auch preiswert liefere. Mahlmanns Ehrgeiz war es gewesen, Jahr für Jahr mit erstaunlichen Gewinnen Tagesgeschäft zu betreiben, aber er hatte nicht in die Zukunft investiert, keine technischen Entwicklungen vorangebracht, Trends und Märkte nicht beobachtet. Er und seine Leute hatten vor lauter Tempo das Nachdenken vergessen.

Es kam zu jener denkwürdigen Sitzung des Holding-Vorstandes. Wie bei den Azteken, die nach einer Mißernte ihren Göttern ein Menschenopfer brachten, um sie für die kommende Zeit gnädig zu stimmen, verfuhren die Bestimmenden mit Mahlmann. Trennungsbeschluß.

Nach dieser Konferenz rief mein Chef an, informierte

mich über die Sachlage, und nach einer Pause des mutmachenden Luftholens sagte er: «Die Herren haben beschlossen, daß Sie die Firma übernehmen, sanieren und dann so lange weiterführen, bis ein Nachfolger gefunden ist. Ich bin beauftragt, Sie zu fragen, ob Sie bereit sind, diese zusätzliche Belastung auf sich zu nehmen, aber», und da gab er seiner Stimme einen entschiedenen Klang, «das ist wohl mehr eine Formalie», und am Ton merkte ich, daß jeder Einwand sinnlos war.

Und nun standen Gregor Mahlmann und ich in seinem Büro, den Wechsel auf der Kommandobrücke zu vollziehen. Ganz unpathetisch, Feierlichkeiten waren wohl auch nicht angebracht.

Er kam hinter seinem Schreibtisch hervor und sagte: «Ich wünsche Ihnen viel Glück für diese Aufgabe, mehr als ich hatte, und übrigens, wenn Sie daran interessiert sind, ich habe in meinem Notizbuch noch eine ganze Reihe von Ideen und Überlegungen, was alles getan werden könnte. Ich bin vor lauter Arbeit nie dazu gekommen, darüber nachzudenken.»

Als ich stumm den Kopf schüttelte, gaben wir uns die Hand. Dann ging er.

Ich setzte mich auf seinen Stuhl, und er tat mir leid. Da hatte einer vor lauter Gegenwart die Zukunft verpaßt.

Wenn er, überlegte ich, anstatt fleißig und geräuschvoll zu arbeiten, sich die Zeit genommen hätte, über die wirklich wichtigen Dinge nachzudenken, er säße jetzt noch hinter diesem Schreibtisch.

Aber wir alle tendieren wohl dazu, über dem Alltag das Grundsätzliche, über der Gegenwart die Zukunft, über dem Zeitlichen das Ewige und über der Welt Gott zu vergessen. Da haben wir Notizbuch und Herz voller guter Vorsätze und Absichten, und eines Tages ist es zu spät. Ich erinnerte mich an den reichen Getreidebauern im Lukas-Evangelium. Der hatte genauso opportunistisch gelebt. Seine Überlegungen waren darauf konzentriert, wie er den momentanen Erfolg sichern konnte, damit er noch lange etwas davon hätte. Seine Scheunen waren voll, sein Konto wohl auch, nur Gott stand nicht auf seiner Rechnung. Der Planungshorizont reichte bis zu den eigenen Schuhspitzen, und das ist zuwenig. Wie, dachte ich, hätte eines fernen und doch so unausweichlichen Tages der himmlische Holding-Vorstand in seiner alles entscheidenden Sitzung über mich zu urteilen?

Ein zweiter Fall Mahlmann?

**«Wir alle tendieren wohl dazu,
über dem Alltag das Grundsätzliche,
über der Gegenwart die Zukunft,
über dem Zeitlichen das Ewige und
über der Welt Gott zu vergessen.»**

Geschriebenes

«Das ist doch nicht möglich», sagte Kurt Salzmann zu mir, «Sie waren früher bei der Philipp Schmidt AG? Kennen Sie noch den Werbeleiter Wohlfahrt?», und als ich nickte, fuhr er fort: «Er ist mein Schwiegervater, ich habe seine jüngste Tochter zur Frau. Wie ist die Welt doch klein. Und das Lustigste: Er ist gerade bei uns hier zu Besuch. Wollen Sie ihm mal guten Tag sagen?»

Wohlfahrt hatte sich kaum verändert. Noch immer hielt er die Schultern ein wenig schräg, die Lachfalten in seinen Augenwinkeln waren nach wie vor Kontrastprogramm zu seinem breiten, kantigen Kinn, und dieses wiederum waagrecht mildernd unterstrichen durch eine gepunktete Fliege. Aber nie hätten wir es uns erlauben dürfen, dieses Accessoire mit einem so prosaischen Wort zu bezeichnen. Er legte Wert darauf, daß es ein Querbinder sei, und nutzte jede Gelegenheit, um wortgewandt und überzeugend zu betonen, Schlipse und deren Träger tendierten in deprimierender Weise zur phantasielosen Durchschnittlichkeit.

Wir schüttelten uns in herzlicher Wiedersehensfreude die Hand, und ich dachte dabei zurück an meine erste direkte Zusammenarbeit mit ihm: Wir hatten einem unserer wichtigen Kunden ein neues Produkt zu demonstrieren. Wohlfahrt stellte die Werbekampagne vor, und ich sprach über das Marketingkonzept. Es war mein erster verkaufsentscheidender Auftritt, und ich hatte den Eindruck, alles liefe gut.

Gegen Mittag fuhren wir mit den Besuchern in ein angemessen edles Restaurant in der nahegelegenen großen Stadt. Gespräch und Diskussionen setzten sich fort, und dabei kamen Wohlfahrt eine ganze Reihe weiterer Gedanken, was man noch tun und sagen und darstellen könne. Er schob mit seinem linken Arm alles erreichbare Geschirr auf die Seite, zog den Kugelschreiber und fing an, mit Vehemenz und geübter Hand das Konzept auf der blütenweißen Damast-Tischdecke zu skizzieren. Als die ihm zur Verfügung stehende Fläche nicht mehr ausreichte, drehten wir mit großem Hallo und vereinten Kräften den runden Tisch um neunzig Grad weiter und schufen so die Grundlage für einen ungehindert fortlaufenden Kreativitätsprozeß, während der vornehme Oberkellner uns empört schweigend strafende Blicke zuschickte. Erst ein großzügiges Trinkgeld und, unter Vorweisen der Kreditkarte, die verbindliche Zusage, das wertvolle Tischtuch dürfe und solle selbstverständlich auf die Rechnung gesetzt werden, machten ihn wieder zum friedlichen Menschen, der es sich allerdings nicht verkneifen konnte, uns durch seine Art beim Abschied dezent zu signalisieren, daß er uns für Banausen hielt.

Aus diesem Geschehen begriff ich: Wohlfahrt war einer jener gefürchteten Zeitgenossen, die zwar ständig wertvolle Gedanken, aber nie Papier bei sich haben und deshalb unkonventionelle Wege gehen müssen, um sich und der Nachwelt ihre Einfälle zu erhalten.

In seinem Büro war der glatte Putz aller vier Wände mit Notizen, Skizzen und Daten bedeckt. Da fanden sich Einschaltpreise, Rabatte, Reichweiten der Werbeträger, Adressen von Kunden und Agenturen, Kompositionsentwürfe für Slogans. Sein Telefon besaß eine extrem lange Zuleitungsschnur, und wenn er mit jemandem sprach, hatte er den notwendigen Aktionsraum, um seinen originellen Datenspeicher zu benutzen. Alle Versuche, ihn zu einem im Sinne der Zivilisation ordentlichen Menschen zu erziehen, schlugen fehl. Er sagte und hielt dabei den Zeigefinger seiner überaus großen Hand mahnend emporgereckt: «Bis ich Papier gefunden habe, ist die Idee weg. Und im übrigen: Auch Gott hat wichtige Notizen an die Wand geschrieben, falls ihr Grünschnäbel das nicht wißt. Nachzulesen bei Daniel, Kapitel fünf.»

Dagegen gab es keine Argumente.

Und dann kam dieser Tag eine Woche später. Wohlfahrt und ich saßen gerade in meinem Büro zusammen, als der Marketingleiter unseres Kunden anrief. Sein zuständiges Vorstandsmitglied müsse für längere Zeit verreisen, und er habe sehr kurzfristig noch einen Termin. Den könne er nutzen, um eine Entscheidung über unser neues Produkt zu bekommen, aber am Preis müßten wir schon noch etwas tun. Vielleicht so eine Art Einführungsrabatt. Um genau vierzehn Uhr sei er außer Haus unter der Telefon-

Nummer 863 52 17 zu erreichen, danach nicht mehr, und das bedeute zwei bis drei Monate Sendepause.

Ich schrieb mir die Nummer auf einen Zettel, klopfte Wohlfahrt mit allem Respekt auf die Schultern, sagte: «Den Auftrag haben wir so gut wie in der Tasche», und meldete mich beim Chef an, um das O.K. zu holen. Als ich in mein Büro zurückkam, war es fünf Minuten vor zwei. Ich wartete noch ein Weilchen, griff dann zum Hörer und fand den Zettel mit der Telefonnummer nicht wieder. Ich blätterte zwei- oder dreimal alle Notizen und Dokumente durch, sichtete mit wachsender Hektik den Inhalt meines Papierkorbes, durchwühlte alle meine Taschen, rannte über den Flur, zwei Stockwerke hinunter und wieder den Gang entlang bis in Wohlfahrts Büro und rief mit fast verzweifelter Stimme:

«Die Telefonnummer, ich finde sie nicht wieder.» Wohlfahrt streckte mir seine große Faust entgegen, öffnete sie, und quer über die Innenfläche stand geschrieben: 863 52 17. Meine Rettung. «Ich notiere mir immer irgendwo, was wichtig ist», sagte er, «auch wenn ihr anderen die Art und Weise chaotisch findet, aber dabei», und er zeigte auf seine Hand, «geht wenigstens nichts verloren.»

Ich lächelte, als ich an dieses Geschehen zurückdachte, und sagte zu dem altgewordenen und dennoch so wenig veränderten Wohlfahrt: «Wissen Sie eigentlich, daß Sie immer ein Vorbild für mich waren? Mit Ihrer freundschaftlichen Kollegialität, Ihrem unbekümmerten schöpferischen Denken, dem Mut, Original zu sein?»

«Ach, sagen Sie das nicht», erwiderte er, «mir ist allmählich klar geworden: Jeder von uns ist ersetzbar. Da leben auf dieser Erde ein paar Milliarden Menschen, und ich bin nur einer von ihnen, unwichtig.»

«Nein», sagte ich, «wissen Sie noch, wie Sie damals angemerkt haben, daß Gott in Sachen König Belsazar eine wichtige Mitteilung an die Wand geschrieben hat? Das war nicht die einzige Notiz, von der wir wissen. Da klagen die Bewohner Jerusalems: ‹Der Herr, unser Gott, hat uns verlassen und vergessen.› Und Gott antwortet: ‹Ich, euer Gott, vergesse euch nicht! Ich habe dich unauslöschlich in meine Hände geschrieben.›

Und wenn wir uns noch so unbeachtet, unbedeutend und unbeobachtet vorkommen, auch Gott notiert sich, was ihm wichtig ist, weil er will, daß nichts verlorengeht.»

Vielleicht, dachte ich, als wir uns verabschiedet hatten, vielleicht sollte man sich eine solche Aussage Gottes, die Liebeserklärung und zugleich Anmahnung ist, bleibend festhalten? Zu Hause an die Wand schreiben? Oder womöglich sogar hinter die Ohren?

Nicht deckungs-gleich

«Ich wünsche Ihnen ein schönes Wochenende», sagte Weber zu mir, «was werden Sie unternehmen?»

«Weiß ich noch nicht», antwortete ich, «und Sie?»

«Ich fahre morgen mit meinen Kindern in den Basler Zoo», strahlte er.

Wir gaben uns die Hand, und jeder ging zu seinem Auto. Als ich die Tür aufschloß, erinnerte ich mich: Vor vielen Jahren hatte ich fast die gleiche Situation erlebt.

Ich kam zurück von einer Dienstreise. Es waren harte Tage gewesen, vollgepackt mit kraftzehrenden Terminen, viel Geduld abfordernden Gesprächen, mit problematischen Verhandlungen und wenigen Momenten des erfolgstolzen Gefühls, etwas erreicht zu haben.

Als ich in die Einfahrt zu meinem Haus einbog, atmete ich erleichtert auf. Das lag nun alles hinter mir, und ich freute mich auf den Sonnabend und den Sonntag.

Seit Tagen schien die Sonne von einem tiefblauen Himmel, und die Meteorologen sicherten zu, so bleibe es auch. Ich würde mich in den Garten oder auf die Veranda legen, das vor Wochen begonnene Buch endlich weiterlesen, hinaufblinzeln in das goldgrüne Geflimmer der Birkenblätter, zusehen, wie sich die Zweige gemächlich im Wind bewegten, und einfach entspannen, faul sein in einer behaglichen Müdigkeit.

Ich stieg aus dem Auto, schloß die Tür, und als ich mich umwandte, stand meine komplette Familie vor dem Eingang. Ein fröhliches, warmherziges Empfangskomitee. Meinen beiden Söhnen über den Kopf streichend, nahm ich meine Frau glücklich in den Arm. Es war gut, heimzukommen.

«Was hast du morgen und übermorgen vor?» fragte sie mich, als wir alle beim Abendessen saßen; und als ich mit dem Nachdruck der Erleichterung sagte: «Ausruhen!», da erlebte ich plötzlich und mit tiefer Betroffenheit, wie dieses eine Wort die Fröhlichkeit und das Lachen auf den geliebten Gesichtern auslöschte.

Ich sah meine Frau fragend an, und sie wandte sich zu meinen beiden Kindern: «Sagt es dem Vater selbst», aber der Jüngere schüttelte resigniert den Kopf, und der Ältere preßte heraus: «Ist schon gut, Vater», und dann standen sie beide auf, gingen aus dem Zimmer, und an der Haltung seiner Schultern sah ich, daß der Kleine weinte.

«Was ist los?» forschte ich. «Sie wollten dir vorschlagen, bei diesem herrlichen Wetter einen Ausflug in den Zoo zu machen. Den ganzen Tag heute gab es kein anderes Thema als die Elefanten, die Affen, die Eisbären und die Pinguine. Weißt du, sie haben sich riesig darauf gefreut, aber ich verstehe, daß du am Wochenende deine Ruhe brauchst», und dann setzte sie zwei Worte hinzu, die mich in besonderer Weise trafen: «Wie immer.»

Es wurde kein guter Abend, für niemanden von uns. Wir schwiegen uns an, jeder wartete auf ein befreiendes Wort, und keiner fand es.

Als ich im Bett lag, spürte ich Erbitterung in mir. Über den verdorbenen Abend, über den Umstand der nervösmachenden Schlaflosigkeit und daß meine Familie nicht begreifen konnte, wie sehr ich auf das Durchatmen und Kraftholen an solchen wenigen, wirklich freien Tagen angewiesen war. Brauchte es da nicht wirklich und wahrhaftig mehr Rücksicht?

Ich starrte hinauf an die Zimmerdecke, wo sich die von der Gartenleuchte und den Baumzweigen gemalten Schatten im Nachtwind bewegten.

Wie eigentlich, überlegte ich nach einer ganzen Weile, wie eigentlich sah die ganze Situation aus dem Blickwinkel meiner Familie aus? Brachte ich nicht den ganzen Tag meinen Mitarbeitern in der Firma immer wieder den einen, allerwichtigsten Grundsatz des Marketingdenkens bei, alles aus der Situation und der Problemlage unserer Kunden zu sehen, damit adäquate Lösungen und Angebote entstehen? Kongruentes Verhalten schafft dauerhafte und freundschaftliche Geschäftsbeziehungen.

Und in meiner Familie? Da hatte einer ein enorm erfolgreiches Buch geschrieben. ‹Beruflich Profi, privat Amateur› hieß es. Schon die dritte oder vierte Auflage hatte man nachdrucken müssen. Gab es da viele mit dem gleichen Leiden? Und wenn schon, dachte ich, in diesem Punkt gibt es keine tröstenden Solidaritätsgefühle, hier steht jeder allein da mit seinen Entscheidungen. Und mit seiner Schuld? Waren vielleicht die Vorstellungen meiner Söhne, die ich als zeit- und kraftzehrend empfand, in Wahrheit die einzig wichtigen und wirklichen Bedürfnisse? Weil sie mich brauchten, als einen präsenten, erlebbaren, sich mitteilenden Vater? Als einen, mit dem man fröhlich sein konnte, und zwar jetzt. Nicht erst dann, wenn man selber erwachsen ist? Konnte man von einem Kind überhaupt Verständnis erwarten oder verlangen für das, was wir im Arbeitsleben und auf der Karriereleiter so eminent wichtig empfinden? Irgendwann, ging es mir durch den Kopf, irgendwann wird die Zeit kommen, in der meine Frau und vor allem ich auf die Geduld, das Verstehen und die Liebe unserer Kinder angewiesen sein werden. Hatte ich überhaupt ein Recht darauf? Keine Bank auf der Welt zahlt ein Kapital aus, wenn es nicht vorher angespart ist. Konnte ich Zuwendung erwarten, ohne sie selber zu geben? Und Zeit, Liebe, Fröhlichkeit, Hingabe, Vergebungsbereitschaft? Waren das nicht alles investive Werte?

Und meine Frau? Stand sie nicht unter dem traurigmachenden Druck von zwei Erwartungsebenen? Im ständigen Konflikt zwischen der Liebe einer Mutter und der Liebe einer Ehefrau?

Zugegeben, ich war in finanzieller Hinsicht ein großzügiger Mensch, aber reichte das aus, Vater zu sein?

Ich erinnerte mich an eine Stelle aus der Bibel:

«Und wenn einer allen Besitz in seinem Haus anstelle der Liebe geben wollte, es würde nicht genügen.» Paulus hatte dieses Wort aus dem Alten Testament aufgegriffen, um den Christen in Korinth deutlich zu machen, daß einer, der sich von Gott geliebt weiß, nicht ohne Liebe zum Nächsten bleiben kann und darf. «Und wenn einer noch so großartige Begabungen hätte, Überzeugungskraft, Wissen, Intelligenz, Weisheit und Tüchtigkeit», schrcibt er, «und wenn dieser eine noch so großzügig und sozial wäre – wenn sein Herz nicht von Liebe erfüllt ist, dann zählt all das andere nicht, es ist nichts wert in den Augen Gottes.»

Ich stand auf und ging hinüber ins Kinderzimmer. Eine Weile stand ich und hörte auf die Atemzüge meiner beiden Söhne. Als ich Licht machte, fuhren ihre Strubbelköpfe neugierig hoch.

«Hier ist ein alter, dummer, egoistischer Affe», grummelte ich, «ich wollte euch nur noch sagen: Morgen fahren wir und besuchen meine Verwandten im Zoo.»

Vier Arme legten sich um mich mit einem zweistimmigen Freudenschrei, und ich wußte: Die Meteorologen hatten recht, es würde ein schöner Tag sein.

Weiße Flecken

«Also», sagte Karl Unterberger, «dann bis in vier Wochen», und wir hoben alle unser Glas und riefen: «Frohen Urlaub und viel Sonne, oder?» Aber er ging auf diese verdeckte Frage nicht ein, sondern lächelte verschmitzt und schloß die Tür hinter sich.

Zurück blieb die Spannung, wo er wohl hinfahren würde. Einen tollen Geheimtip habe er bekommen, absolut sicheres Wetter, absolut unberührte, wunderbare Landschaft, absolut nette Menschen und überhaupt, es würden die Traumferien. Nur, wo der wundersame Ort liege, in welcher Himmelsrichtung, in welchem Land, das, bitteschön, sollten wir doch selber herausbekommen; denn, wenn er weg sei, hätten wir ja genügend Zeit, darüber nachzudenken. Richtig, er sagte noch, er werde dafür sorgen, daß unsere durch Beruf und Karriere geschädigten Gehirne eine Art Entwicklungshilfe erhielten, das habe er schon äußerst sorgfältig vorbereitet.

Fünf Tage später, am Mittwoch, kam die erste Nachricht

von Karl Unterberger. «An die lieben Kolleginnen und Kollegen», hatte er geschrieben, und als wir die Postkarte umdrehten, waren auf ihr ein paar Grashalme, der Teil eines Baumstammes, das Fragment eines Steines und drei oder vier Quadratzentimeter Himmel zu sehen. Ein Fotomotiv, das keines war, dafür aber vierfarbig. Wir legten die freundlichen Grüße ratlos auf die Seite.

Am nächsten Morgen kam wieder eine Sendung, und nach drei oder vier Tagen begriffen wir, daß die ganze Sache System besaß. Unterberger hatte offensichtlich eine Panorama-Aufnahme seines geheimnisvollen Urlaubsortes entsprechend vergrößert, das Bild in postkartenformatgroße Teile zerschnitten, und nun spielte er mit uns Puzzle.

Genau vierundzwanzig Tage wollte er bleiben, das bedeutete vierundzwanzig Ansichtskarten. Wir rechneten aus Länge und Breite das Endformat hoch, machten in der Werbeabteilung eine Pinnwand frei, und unsere Spannung stieg.

Kollege Clemens Wegner, immer geschäftstüchtig, richtete in seinem Schreibtisch eine Kasse ein und gab bekannt, ab sofort würden Wetten angenommen.

Aber dann passierte der erste Aussetzer. Am dreizehnten Tag blieb Karl Unterberger stumm. Kein Zeichen von ihm, erst wieder am Tag vierzehn. Das gleiche an den Tagen sechzehn, neunzehn und einundzwanzig. Hatte die Post gestreikt?

Waren die fehlenden Teile einem Kleptomanen in die Hände gefallen? War Sabotage von mißgünstigen Kollegen im Spiel?

Als Karl Unterberger braungebrannt und frohgelaunt wieder in die Firma kam, nahmen wir ihn stumm an der Hand, führten ihn ins Werbeatelier und konfrontierten ihn mit dem fragmentarischen Opus, in dem exakt und traurigerweise gerade die Teile fehlten, die der optische Schlüssel zum Rätsel zu sein schienen. Aber er lachte laut und herzlich und sagte, verraten würde er nie, wo er gewesen sei. Wir sollten eben die weißen Flecken durch Intelligenz und Phantasie ersetzen. So schwer wäre das doch wohl nicht.

Bis heute entzieht es sich meiner Kenntnis, wo er damals war, und es macht mir und meinem Ehrgeiz immer noch zu schaffen, daß es so ist. Jeder bunte Reiseprospekt mit der obligatorisch imponierenden Panorama-Aufnahme erinnert mich an Karl Unterbergers Geheimniskrämerei, die schon hart an den Tatbestand der Unkollegialität grenzte, und im Herzen spüre ich dann immer noch einen leisen, unverarbeiteten Ärger. Warum eigentlich? War nicht das, was ich damals miterlebte, nur eine Erfahrung unter vielen? Eine Variante aus einer ganzen Zahl von sich im letzten ähnlichen Geschehen?

Wie oft bin ich Menschen begegnet, von denen ich auch nach Jahren noch nicht wußte, wer sie eigentlich waren, weil wesentliche Teile im Puzzle fehlten. Charaktere, die kein Gesamtbild ergaben.

Da gab es Personen und Persönlichkeiten, die mir imponierten, weil sie Eigenschaften besaßen, die ich gern gehabt hätte. Und dann kam irgendwann die ernüchternde Entdeckung von blinden Stellen auf ihrer perfekt wirkenden Hochglanzpolitur.

Ich hatte Kontakte mit erfolgreichen, zielstrebigen, führungsbegabten Managern. Aber auf dem Golfplatz waren sie plötzlich ganz andere Menschen als hinter dem Schreibtisch, und abends an der Bar wieder anders, und zu Hause erst recht. Sie spielten situationsbezogene Rollen, zwar immer perfekt, aber wer waren sie wirklich?

Und ich selber? Wer bin ich eigentlich?

Da steht in der Bibel, daß Gott den Menschen nach seinem Bild geschaffen hat. Es gab eine klare Vorstellung. Jeder von uns ist als eine unverwechselbare, originale Persönlichkeit gedacht und angelegt. Aber ich frage mich ernsthaft: Wenn Gott ein Bild davon hat, wer ich einmal werden sollte nach seinem Willen, bin ich dann überhaupt noch erkennbar durch das hindurch, was ich aus mir selber gemacht habe nach meinem Willen?

Ist nicht auch mein Leben ein Fragment geblieben: mit vielen weißen Stellen? Was ist mit der Suche nach dem Sinn des Daseins: ausgespart? Was ist mit der Frage nach dem Stellenwert Gottes in meiner Existenz: abhandengekommen? Was ist mit der Bereitschaft, Jesus Christus Antwort zu geben auf sein Angebot: verlorengegangen?

Vor vielen Jahren diskutierte ich einmal mit einem klugen, nachdenklichen Mann, ob das Beten noch zeitgerecht und sinnvoll sei. Er sagte mit allem Ernst: «Ich falte jeden Tag die Hände und schicke ihm ein Dankgebet. Fast eine Art Gruß an seine Adresse, daß ich ihn nicht vergessen habe.»

Was, wenn Gott das gleiche täte, wie wir damals bei Karl Unterberger? Wenn er eine Wand im Himmel freimachte, so groß, daß für jeden meiner Tage ein Dankeschön und

Lebenszeichen Platz hätte?

Bis heute, so habe ich ausgerechnet, wären das, seitdem ich verantwortungsvoll denken und reden kann, siebzehntausend Möglichkeiten. Und wie viele weiße Stellen? Ist das der Grund, warum mein Leben so fragmentarisch ist und warum Gott und ich so große Zweifel haben an meiner Identität?

W «Wie oft bin ich Menschen begegnet, von denen ich auch nach Jahren noch nicht wußte, wer sie eigentlich waren, weil wesentliche Teile im Puzzle fehlten.»

Befristetes Angebot

«Also», sagte er und gab mir zum Abschied die Hand, «ich schicke Ihnen unsere detaillierte Offerte in den nächsten Tagen», und dann ging er.

Ich hatte den Eindruck, wir konnten beide mit diesem Gespräch zufrieden sein.

Er hatte die Aussicht, mit unserem Unternehmen einen neuen Kunden zu gewinnen, und bei mir blieb das Gefühl, nicht schlecht verhandelt zu haben, denn der Preis, auf den wir uns pauschal und noch ohne die letzte Verbindlichkeit geeinigt hatten, klang gut. Überhaupt, er und seine Firma machten einen zuverlässigen Eindruck, und das verstärkte sich, denn er hielt Wort: Zwei Tage danach lag sein Brief in der Post.

Ich las die Positionen sorgfältig durch. Alles stimmte, und als ich die letzte Zeile sah, lächelte ich über seine akkurate Gewissenhaftigkeit: «Das Angebot ist bis zum 12. September dieses Jahres gültig», hatte er geschrieben. Da war ein klarer Endtermin gesetzt, um alle denkbaren oder möglichen Mißverständnisse von Anfang an zu vermeiden.

Gut so, dachte ich, er imponierte mir mit seiner klaren Linie. Wir würden, und das stand jetzt endgültig fest, mit ihm zusammenarbeiten.

Ich nahm meinen Füllhalter zur Hand, schraubte ihn auf, und während ich das tat, rechnete ich unwillkürlich nach, wie viele Tage es noch bis zu diesem 12. September waren: exakt siebzehn.

Ich zögerte und überlegte: Sollte ich diesen möglichen Zeitraum wahrnehmen? Mit der Unterschrift und dem Absenden noch warten, damit das alles nicht aussah wie beflissene Eile? Stärke und Gelassenheit demonstriert, wer ein sicheres Gefühl für den richtigen Moment hat. Nicht zu spät, aber auch nicht zu früh. Aber andererseits, was kann in siebzehn mal vierundzwanzig Stunden alles passieren? Hatte ich nicht selber in gravierender Weise mehrfach erfahren und miterlebt, wie wichtige äußere Ereignisse, persönliche Probleme oder einfach Gedankenlosigkeit irgendwelche Planungen und gesetzte Termine momentan so in den Hintergrund schoben, daß aus ihnen Versäumnisse wurden?

Ich erinnerte mich an Thomas Heuberger und die Auseinandersetzung mit ihm; das lag viele Jahre zurück. Die Sache geriet zum harten Streit. Er hatte unrecht, und das wußte er auch. Ich hatte die Möglichkeit, das alles ganz schnell und auf gute Weise zu beenden und wollte es auch. Aber ehe ich dazu kam, verunglückte er bei einer Wochenend-Bergtour tödlich, und der Zustand zwischen ihm und mir wurde in einem einzigen Augenblick für alle Zeit zum Unveränderlichen.

Einer meiner Freunde fiel mir ein. In seiner Ehe wurde

das Defizit an Zeit, Zuwendung und Liebe immer größer. Seine Frau bat ihn um eine Aussprache. Aber er schob aus Angst vor der Stunde der Wahrheit ihren Wunsch Tag um Tag vor sich her, und eines Abends war das Haus leer. Die Familie hatte ihn verlassen.

«Unsere Ehe, meine Hoffnungen und meine Gefühle sind verdorrt», hatte seine Frau ihm zum Abschied geschrieben, «versuche nicht, Verbindung mit mir aufzunehmen, es ist zu spät.»

Es gibt Verfalldaten in unserem Leben, geschriebene und unsichtbare, bewußte und verborgene. Zeitpunkte, wo Türen zugemacht werden, Beziehungen zerbrechen, Chancen endgültig vorbei sind. Situationen, die uns konfrontieren mit unserer Herzensträgheit, unserer leichtfertigen Oberflächlichkeit, dem sich so sicher fühlenden, überheblich machenden Großartigsein.

Der Prophet Jesaja beschwört in einer seiner Mahnreden seine Landsleute: «Sucht den Herrn, solange ihr dazu noch in der Lage seid. Ruft an, solange er euch noch nahe ist.»

Da sind so viele Menschen, die wissen sehr genau: Wenn sie eines Tages sterben, ohne Gott Antwort gegeben zu haben, dann wird in einem einzigen Augenblick ihre gleichgültige, herzensträge Verantwortungslosigkeit für alle Zeit zum Unveränderlichen.

Oder es geschieht schon eher, zu Lebzeiten, nämlich dann, wenn wir durch eingeübte, festgehaltene und fixierte Verhaltensweisen so zu Stein geworden sind, daß nichts mehr veränderbar ist, weder von außen noch von innen.

Wie auch immer: Unter Gottes Liebesangebot durch Jesus Christus steht ganz individuell und unsichtbar für jeden von uns: «Diese Offerte ist bis zum Soundsovielten gültig.»

Die Amerikaner bezeichnen solche zeitlichen Grenzpunkte als ‹Deadline›.

Haben die vielleicht mehr begriffen?

«Es gibt Verfalldaten in unserem Leben, geschriebene und unsichtbare, bewußte und verborgene. Zeitpunkte, wo Türen zugemacht werden, Beziehungen zerbrechen, Chancen endgültig vorbei sind. Situationen, die uns konfrontieren mit unserer Herzensträgheit, unserer leichtfertigen Oberflächlichkeit, dem sich so sicher fühlenden, überheblich machenden Großartigsein.»

Inhalts-Erklärung

«Unser Chauffeur Wesenberger ist am Telefon», sagte meine Sekretärin, «er ruft vom Postamt an und will Sie unbedingt selber sprechen.» Ich nahm den Hörer ab und fragte ihn, was es denn so Dringendes gebe. «Das Eilpaket nach Stockholm kriege ich so nicht los», erklärte er mir, «ich muß einen von diesen grünen Aufklebezetteln für den Zoll ausfüllen, aber was soll ich denn in die Spalte ‹Inhalt der Sendung› reinschreiben?» Ich erklärte es ihm, und seinem «Danke, Chef» hörte ich direkt die Erleichterung an, daß sich dieses Problem für ihn gelöst hatte.

Da leben wir nun, überlegte ich, mitten in einem hochzivilisierten und hochintelligenten Europa, und um ein paar Zeichnungen nebst Dias und einem Tonband zu verschicken, braucht es umständliche Formalitäten, die Wesenberger in Konfusion geraten ließen. Sven Örenberg, meinen Geschäftsfreund in Schweden, wird es wahrscheinlich zwingen, jemanden zum Zoll-Postamt zu schicken, um das Päckchen abzuholen, samt grünem Zettel mit Inhaltsangabe.

Als ich am Abend nach Hause kam, war lieber, überraschender Besuch gekommen. Gute Freunde mit ihrer zweijährigen Tochter, die mich heftig liebt und mit einem unbekümmerten Schrei versuchte, ihre noch etwas kurzen Arme um mich zu schließen. Dies nicht, ohne damit die Forderung zu verbinden, sie wolle auf meinen Schultern reiten, und zwar sofort.

Wir hatten uns alle viel zu erzählen, und es wurde gemütlich und so spät, daß wir den Freunden vorschlugen, ihre Kleine bis zur Abfahrt bei uns schlafen zu legen; und als wir sie in voller Mannschaftsstärke alle gemeinsam ins Gästebett brachten, war sie rundum glücklich. Sie faltete die Hände und betete: «Ich bin klein, mein Herz ist rein, soll niemand drin wohnen als Jesus allein», und sie betonte das mit so viel Entschiedenheit, daß auch nur der geringste Anflug eines leisen Zweifels absolut ausgeschlossen war.

«Eigentlich leben Kinder in einer beneidenswert einfachen Welt», sagte mein Freund, als wir wieder draußen auf der Terrasse saßen, in der Hand das Glas mit Burgunder und mit nachdenklichem Blick auf die abendliche Dämmerung. Ich schwieg und dachte nach: Haben Kinder es wirklich soviel unkomplizierter als wir? Oder besitzen ihre Sorgen, Probleme und Ängste in unseren Erwachsenenaugen nur eine andere Wertigkeit, weil wir es den ganzen Tag mit anderen Dimensionen zu tun haben? Mit Sachverhalten, die uns so wichtig und groß vorkommen, daß wir uns, durch den ständigen Umgang mit ihnen, allmählich selber groß und wichtig fühlen, und dabei handelt es sich im letzten wohl doch um eine ganz andere Frage, nämlich um das, was dieses kleine Mädchen in kindlicher Einfalt von ihrem Herzen gesagt hat: «Soll niemand drin wohnen als Jesus allein.»

Mir fiel der Anruf vom Vormittag von Wesenberger wegen des grünen Zollaufklebers wieder ein. Auch da war es um die Deklaration eines Inhalts gegangen. Was, überlegte ich, füllt eigentlich mein Leben aus? Was beansprucht und hat Raum in meinem Denken, in meinem Herzen?

Der alt und weise gewordene Tobias, so berichtet es die Bibel, gab seinem Sohn ein Vermächtnis mit auf den Weg: «Dein Leben lang», sagte er ihm, «habe Gott vor Augen und im Herzen, und hüte dich, daß du in keine Sünde einwilligst und gegen Gottes Gebote handelst.» Und im Brief des Paulus an die Leute in Kolossä steht ein Satz, der Bitte, Wunsch, Mahnung und Feststellung zugleich ist: «Der Friede des Christus regiere in euren Herzen.»

Wer eigentlich regiert mich? Wer alles und was alles hat Wohnrecht in meinem Herzen? Sind da nicht mehrere Hauptmieter und eine Menge Untermieter, die schon längst angefangen haben, mich in aller Stille zu beherrschen? Sieht es in mir nicht aus wie in einer Rumpelkammer voller überkommener und vielfach überholter Vorurteile? Oder wie in einem Mausoleum, in dem ich alle großen, mich selber erhebenden Erlebnisse und Geschehnisse der Vergangenheit konserviert habe? Wohl wissend, aber nicht bereit, es zuzugeben, daß man davon nicht leben kann.

Was wäre, ging es mir durch den Kopf, wenn ich jetzt oder morgen früh auch so einen grünen Zettel als Erklärung für den Inhalt meines Herzens ausfüllen müßte? Ich wäre gezwungen, eine Art Inventur zu machen. Was würde ich eintragen? Und was wiegt vor Gottes Augen schwerer, so ein Herz wie das meine, gefüllt mit Erfolgen, Erfahrungen, Abhängigkeiten, unbeholfenen Liebesversuchen, Versäumnissen und Schuld, oder so ein kleines, als einfältig leise belächeltes Kinderherz mit dem Wunsch, daß Jesus Christus sein einziger Inhalt sein möge?

Ich starrte in die fast schwarz gewordene Nacht und ahnte: Diese Nacht würde ich unruhig schlafen, träumen von einer grünen Zoll-Inhaltserklärung und in Schweiß geraten, wenn ich an die Rubrik «Wertangabe» käme.

Was hätte ich hineinzuschreiben?

«Wer eigentlich regiert mich? Wer alles und was alles hat Wohnrecht in meinem Herzen? Sind da nicht mehrere Hauptmieter und eine Menge Untermieter, die schon längst angefangen haben, mich in aller Stille zu beherrschen? Sieht es in mir nicht aus wie in einer Rumpelkammer voller überkommener und vielfach überholter Vorurteile?»

Drucksache

«Geben Sie mir bitte mal den großen Glas-Aschenbecher», sagte ich zu meiner Sekretärin, «nachher kommt Berger auf einen kurzen Besuch vorbei, und wie ich ihn kenne, raucht er immer noch Pfeife und diesen Spezial-Tabak, von dem Sie behaupten, er stinkt.»

«Tut er auch, und sogar fürchterlich», antwortete sie und reichte mir das kiloschwere Prachtstück mit sichtlicher Anspannung der Armmuskeln.

Joachim Berger ließ sich, nachdem wir uns herzlich begrüßt hatten, mit einem lauten Seufzer in den bequemsten Besucherstuhl fallen, kramte sein Etui mit den Rauchutensilien hervor und begann mit dem Pfeifenstopfen, einem Ritual, bei dem Anwesende weder stören noch unterbrechen dürfen, wenn die Sympathie Bestand haben soll.

Während er in seine Arbeit vertieft war, hatte ich ganz unverfänglich Gelegenheit, sein Gesicht aufmerksam zu studieren.

Wir waren Freunde seit unserer gemeinsamen Trainee-Zeit bei einem Unternehmen in Norddeutschland. Das lag jetzt schon fast 25 Jahre zurück. Unsere beruflichen Wege hatten sich längst getrennt, aber die persönliche Verbindung blieb erhalten, vertiefte sich immer mehr, und wann auch immer einer von uns beiden in der Gegend des anderen zu tun hatte, sagte er ihm guten Tag.

Mir fiel auf, wie müde und abgespannt Joachim Berger aussah, fast erschöpft, und er mußte wohl meine Feststellung bemerkt haben, denn als seine Dunhill endlich brannte, blies er einen wunderbar runden, sich langsam ausbreitenden Rauchring quer durch mein Büro und sagte: «Ich habe ganz schön harte Wochen hinter mir. Viele Reisen, viele Gespräche, viel Arbeit, viel Ärger und immer unter Druck. Zeitdruck, Leistungsdruck, Erfolgsdruck, Prioritätendruck, aber das hast du ja wohl schon an mir bemerkt, oder?»

Ich nickte mit dem Kopf und wartete ab. «Ich sollte», dachte er laut nach, «mal zum Durchatmen kommen, zur Ruhe, zur Besinnung. Vielleicht irgendwo im Fernen Osten, wo man noch weiß, was meditative Versenkung ist.»

«Das sagt einer mitten im christlichen Abendland?» fragte ich ihn und schüttelte dabei den Kopf: «Da gibt es doch Möglichkeiten direkt vor der Haustür. Christliche Klöster mit Exerzitien für hochstrapazierte Manager. Katholische und evangelische Bruderschaften mit erfahrenen Seelsorgern, die Wochenenden des Schweigens durchführen oder für eine Zeitlang das Wohnen in einem Haus der Stille anbieten.» Er reagierte interessiert und spontan: «Hast du Adressen?» Ich gab sie ihm.

Ein paar Wochen später rief er mich an: «Ich komme gerade zurück von einer Woche Internatsurlaub bei einer christlichen Kommunität im Siegerland», sagte er, «es war eine wirklich gute und gesegnete Zeit. Allerdings, um ehrlich zu sein, anfangs gab es ein kleines Problem: Ich hatte mich im ‹Haus der Stille› angemeldet, aber nach zwei Tagen mußte ich mich umquartieren lassen, ich habe es nicht ausgehalten.»

Was sind wir nur für seltsame Menschen, wir Manager, überlegte ich, als wir unser Telefonat beendet hatten. Da sehnen wir uns ganz heimlich und intensiv nach Ruhe, Tiefe, innerem Frieden und Stille, und wenn die Gelegenheit da ist, werden wir damit nicht fertig.

Was stimmt nicht mehr in unserem Leben, daß die ganz natürliche Polarität von Konzentration und Entspannung, Beruf und Familie, Reden und Schweigen, Arbeiten und Beten nicht mehr funktioniert, uns fast wesensfremd geworden ist? Das, was uns im fruchtbaren Wechsel gesund und fröhlich erhält, wird zur problematischen Last.

«Wir gleichen Menschen», hatte neulich einer geschrieben, «die ihr Auto nachts mit laufendem Motor in der Garage parken, damit es zu keinem Zeitpunkt Startschwierigkeiten und Verzögerungen gibt.» Leistungspotential im ständigen Stand by-Betrieb.

Ich erinnerte mich an den Besuch meiner kleinen Enkeltochter Sara, erst wenige Wochen alt. Immer wieder stand ich an ihrem Bettchen und sah zu, wie sie schlief:

Die winzigen Hände ganz locker geöffnet, mit einem völlig entspannten Gesicht, über das immer wieder ein Lächeln huschte, so friedlich, so freundlich, so natürlich, daß ich mitlächeln mußte. Warum, grübelte ich, können wir nicht mehr so sein? Warum schleppen wir unser Leistungsdenken, unsere Erwartungsmodelle und unseren Ehrgeiz mit hinüber in die Nacht, mit hinein in den Urlaub, und halten nicht mehr aus, was der Anfang einer heilsamen Therapie und eines veränderten Lebens sein könnte: In der Stille dem zu begegnen, was substantiell ist, der Frage nach dem Sinn unseres Handelns und unserer Existenz; der Frage nach Gott, denn sie ist untrennbar damit verbunden.

«Die ohne Gott leben, haben keinen Frieden», sagt der Prophet Jesaja, und er tut es aus der Kompetenz eines Mannes, der Jahrzehnt für Jahrzehnt mit Leuten umgeht, die entweder Gott oder aber nur sich selber auf der Rechnung haben.

Wenn mein Frieden mit Gott, mein Verhältnis zu ihm, wahrhaft verbindlich ist und nicht eine unredliche Farce, dann bin ich dazu bestimmt, so schreibt es der Apostel Paulus, ein Brief Jesu Christi zu sein, adressiert an meine Nächsten.

Was bin ich wirklich? Wertbrief Gottes oder gestreßte Drucksache dieser Welt?

Das ist mehr als eine Frage des Portos.

Erhöhter Posteingang

«Jetzt geht es wieder los», seufzte meine Sekretärin und ließ den ganzen Arm voll Briefe und Karten auf den Schreibtisch gleiten, «Grüße zum Weihnachtsfest, Grüße zum neuen Jahr. Das kann doch keiner alles lesen, und außer der Bundespost hat niemand etwas davon. Wollen Sie den ganzen Stapel haben, oder soll ich schon mal sortieren und den Kollegen Papierkorb einschalten?»

Und als ich gerade ja sagen wollte, stand mir plötzlich das Heer von Textern und Grafikern vor dem geistigen Auge. Jahr für Jahr brüteten sie über Entwürfen, die originell, aber mit konservativer Vornehmheit sein sollten. Sie präsentierten die Resultate ihrer schöpferischen Prozesse vor diversen Instanzen, bis hinauf in den Vorstand, und nahmen mit stiller Verzweiflung die genialen Verbesserungsvorschläge entgegen, wie das verschneite Firmengebäude in der verschneiten Landschaft noch viel mehr zur Geltung kommen könnte. Sie ertrugen es mit Haltung, daß sich jeder berufen fühlte, so lange an den Texten zu feilen, bis nichts mehr übrig blieb. Wie konnte ich zulassen, daß die Endproduktion langen Ringens um weihnachtliche Individualität und Originalität so einfach und pietätlos in den Papierkorb fiel?

«Nein», sagte ich, «legen Sie bitte alle Glückwunschkarten extra und geben Sie sie mir herein.»

Am Abend, als in dem großen Gebäude unserer Firma Stille herrschte, machte ich mir die Schreibtischlampe an, löschte das Deckenlicht, und in dieser fast traulichen Atmosphäre fing ich an, die Weihnachtspost zu lesen. Ganz konzentriert, ganz unvoreingenommen und mit der Bereitschaft, mich beeindrucken zu lassen. Es wurde ein Fall für den Statistiker: Rund fünfzig Prozent wünschten dem Unternehmen und mir ‹alles Gute›, leider ohne nähere Definition.

Was ist gut? dachte ich laut nach. Wenn unsere Firma zum Beispiel im Streusalzgeschäft tätig wäre, dann würde ‹alles Gute› einen großartigen Umsatz in den kommenden Monaten bedeuten. Und für die Autofahrer? Die schneeschippenden, entkräfteten Hausbesitzer? Die Bundesbahnfahrpläne? Die Chausseebäume? War gut vielleicht immer nur partiell gut?

«Guter Meister», sagte ein ernsthaft bemühter junger Mann zu Jesus Christus: «Guter Meister, was soll ich tun, damit ich das ewige Leben bekomme?»

Und er bekommt die relativierende und absolut klärende Antwort: «Niemand ist gut, als allein Gott. Wenn du aber das Leben haben willst, dann halte dich an die Gebote.»

Andere, wohl so an die dreißig Prozent, schrieben: «Viel Glück und Erfolg!» Aber waren nicht gerade in meinem Leben die für mich persönlich erfolgreichsten Stunden die, in denen ich erkennen und begreifen mußte, wer ich als Mensch wirklich bin? Genau in den Momenten, in denen ich mich nicht gerade glücklich und groß fühlte, sondern meine kleinen Waterloos erlebte? Sind Glück und Erfolg für uns wirklich immer gut, oder halten sie uns nicht oft genug von der Selbsterkenntnis ab? In der Bibel kommt das Wort «Erfolg» nicht vor. Sie spricht von Frucht, die wir bringen sollen als das Resultat eines vor Gott wohlgefälligen Lebens. Meinten die Schreiber das?

«Einen guten Rutsch», wünschten einige. Andere mit der Variante: «Kommen Sie gut hinein ins neue Jahr.» Anfang gut, alles gut?

«Kino ist verlogen», ärgerte sich neulich einer meiner Freunde, «wenn die sich in die Arme sinken, ist der Film zu Ende, und der Alltag mit Lockenwicklern und ausgebeulten Unterhosen fängt an.»

Zugegeben, seine Erkenntnis ist nicht mehr auf dem neusten Stand der Technik, alt, aber gültig. Wäre es nicht eigentlich viel wichtiger, wie ich aus dem Jahr herauskomme, nach zwölf Monaten voller Pläne und guter Vorsätze? Die Endbilanz entscheidet über das Geschäftsjahr. Und über mein Leben?

Auf etwa jeder fünften Karte, unrepräsentativ ermittelt, prangte ein Schornsteinfeger, ein Hufeisen, ein Fliegenpilz, manchmal in freier, schöpferischer Kombination.

Wer eigentlich hat dieses rotköpfige Moosgewächs mit den weißen Punkten zum Glückspilz hochstilisiert? Wo wir doch alle wissen, dachte ich, daß eine Mahlzeit davon reicht, alle Führungsprobleme in einem mittleren Unternehmen auf einen Schlag zu lösen. Und dieses gebogene eiserne Relikt aus autolosen Zeiten? Sicher, heutzutage Hufeisen zu finden, ist zufälliges Glück, aber es bringt keines, im Gegenteil. Mich hatte es einen teuren Autoreifen gekostet, weil noch Nägel drinsteckten, als ich auf dem Feldweg darüberfuhr. Und die Rechnungen meines Schornsteinfegers werden auch von Jahr zu Jahr höher, ganz abgesehen von den ungefragten Emissionsprüfungen meiner Ölheizung.

Bringen Talismane wirklich Glück, fragte ich mich, oder ist das augenzwinkernd bewahrter Kinderglaube? Aberglaube? Warum dann so viele Miniatur-Hufeisen auf Armaturenbrettern von Autos? Fehlende dreizehnte Stockwerke in nüchternen Bürogebäuden aufgeklärter Geschäftsleute? Und das kleine Kreuz am Goldkettchen um den Hals?

Ich sah von den bunten, schön gedruckten Karten auf und war traurig. Auf dem Hintergrund dessen, was Weihnachten wirklich ist, waren sie Dokumente der Ratlosigkeit. Weil wir nichts mehr zu sagen wissen zu dem Geschehen in Bethlehem, weil die Ungewißheit über das, was im neuen Jahr alles sich ereignen könnte, so groß ist, flüchten wir uns in bewährte, fröhlich klingende, hohle Formeln, hinter denen wir unser Herz verbergen. War das nicht im Grund Anlaß für mich, endlich einmal über den Sinn, die Bedeutung und den Inhalt dieser Feiertage nachzudenken? Über mein persönliches Verhältnis zu diesem Kind in der Krippe, das ein mutiger, ganz an Gott hingegebener Mann wurde, um dann über Golgatha zur Brücke unserer Versöhnung mit Gott zu werden?

Ich schrak zusammen, weil es ganz unerwartet an meiner Tür klopfte, und als ich ‹herein› rief, war es Paul Wittmann, unser Werbeleiter. «Entschuldigen Sie», sagte er, «daß ich zu so später Stunde noch störe, aber ich suche ganz dringend Hilfe. Morgen früh müssen unsere Weihnachtskarten unbedingt in die Druckerei, aber der Chef hat den Text vorhin gekippt. Ich brauche ganz dringend einen neuen, heute noch.»

«Und warum kommen Sie zu mir?» knurrte ich.

«Sie sind der einzige der Geschäftsleitung, bei dem noch Licht brennt.» Pech gehabt.

Ich nahm mit einem halb verzweifelten Blick den Bleistift in die Hand und überlegte: Alles Gute, viel Glück und einen guten Rutsch, oder?

«Niemand ist gut, als allein Gott. Wenn du aber das Leben haben willst, dann halte dich an die Gebote.»

Ultima ratio

Ich starrte auf den Brief, der heute morgen mit der Post gekommen war, und wollte es nicht glauben: P&P, ein uns über viele Jahre verbundener Kunde, hatte gekündigt, völlig unerwartet, ohne die geringste Vorwarnung.

Hatten wir noch ein Chance, diesen so wichtigen Produktionsauftrag, der immerhin unsere Kapazität zu rund sieben Prozent auslastete, zu retten?

Ich rief meinen Kollegen Weber an, bat ihn in mein Büro, und als er die Zeilen gelesen hatte, sagte er: «Das darf doch nicht wahr sein. Irgendeiner hat uns unterboten und denen werweißwas versprochen. Ich kriege das raus!» Und nach einem langen Telefonat setzte Weber sich in sein Auto, um zu P&P nach Dortmund zu fahren und die Sache wieder ins Lot zu bringen.

Während er weg war, überlegte ich, ob wir in den letzten Wochen und Monaten etwas falsch gemacht hatten. Gab es einen Grund, der diesen Schritt ausgelöst hatte? Ich dachte intensiv nach, ließ mir alle Korrespondenz, Telefonate, Unterredungen noch einmal durch den Kopf gehen, aber da war nichts Negatives. Nichts, was Anlaß für diese Kündigung hätte sein können.

Weber lag wohl richtig mit seiner Vermutung, daß ein Konkurrent bessere Konditionen geboten hatte, und selbstverständlich stand es jedem Unternehmen frei, so eine Möglichkeit zu nutzen. Sicherlich, wie man das tat, war eine Stilfrage, aber Höflichkeit zählte für manchen dynamischen, erfolgsorientierten Manager zum antiken Schnörkelwerk, da zog man die klare, knallharte Lösung vor. Such is life.

Am späten Nachmittag kam Weber zurück. Ich sah vom Fenster, wie er aus dem Wagen stieg, und an seiner Haltung konnte ich erkennen: Er hatte keinen Erfolg gehabt.

Dreißig Minuten später saßen wir alle um den großen Konferenztisch und diskutierten die Lage. Weber hatte gerungen, argumentiert, verhandelt, gekämpft, aber die Leute von P&P meinten, die Kündigung würde ja sowieso und laut Vertrag erst mit einer Frist von zwölf Monaten wirksam, und das sei doch wohl eine absolut faire, freundschaftliche Lösung.

«Was gibt es noch an denkbaren Maßnahmen, die P&P umstimmen könnten?» fragte der Chef. «Möglichkeiten noch einige», antwortete Weber, «aber so, wie die Lage ist, haben wir keine Chance. Da hilft nur noch beten.»

Der Boß sah ihn über den Brillenrand an und sagte, nicht einmal unfreundlich: «Herr Weber, ich habe Sie um eine realistische Einschätzung der Lage gebeten, halten Sie mich auf dem laufenden», und dann ging er. Weber, der alte, erfahrene Haudegen, saß da mit einem roten Kopf. War es Zorn, der sich da farblich bemerkbar machte? Verlegenheit? Fühlte er sich gemaßregelt? Auf dem Flur machte er sich Luft: «Die Reaktion hätte der Alte sich sparen können. Außerdem habe ich das nicht so gemeint.» – «Noch schlimmer», sagte ich und ließ ihn völlig irritiert zurück.

Wir Menschen sind schon seltsame Leute, dachte ich, als ich wieder in meinem Büro war. Da gibt es Situationen, die uns aus bisher sicher erscheinenden Verhältnissen werfen, und wenn dann einer in Resignation oder in Ratlosigkeit oder womöglich auch nur aus der traditionellen Routine seines Sprichwortschatzes so einen Satz wie eine Art feststellender Schlußfolgerung sagt, reagieren wir ablehnend.

Zugegeben, überlegte ich, für viele von uns Zeitgenossen erscheint das Beten in geschäftlichen Fragen zu hoch gegriffen. Dazu ist Gott wohl doch um ein paar Nummern zu groß, als daß wir ihn mit Problemen, wie reduzierte Umsätze und Deckungsbeiträge, behelligen. Eher schon bei unseren persönlichen, ganz menschlichen Kümmernissen, Sorgen, Bedrängungen. Aber machen wir das denn? Reagieren wir hier nicht auch nach dem gleichen Muster wie der Chef?

Realität ist für uns das, was wir selber tun, und solange wir den berühmten Silberstreif am Horizont wahrzunehmen glauben, gilt der so verbreitete, so falsche und so grundsätzliche Grundsatz: Hilf dir selber, dann hilft dir Gott.

Da steht an vielen Stellen der Bibel, daß Gott uns liebender Vater sein will in einer ganz persönlichen Ich-Du-Beziehung. Aber schließt so etwas nicht zwingend den Dialog zwischen ihm und uns ein? Daß er zu uns redet durch dieses so aktuelle, lebendige Buch, die Bibel, und wir mit ihm reden im Gebet? Und das in allen Situationen und in allen Angelegenheiten?

Aber wenn hinwendendes, vertrauensvolles Gebet ganz am Ende, als der Weisheit letzter Schluß, als Ultima ratio steht, weil wir aufgeklärte, problemlösungstrainierte und zum Selbstbewußtsein erzogene Gegenwartsmenschen sind, hat dann Gott überhaupt eine Chance, seine Realität für uns erfahrbar und erlebbar zu machen?

Was hatte neulich ein Geschäftsfreund unter Lachen zitiert? «Wenn man nicht weiter weiß, dann bildet man 'nen Arbeitskreis. Ist der dann rettungslos am Ende, faltet man die Hände.»

Erst dann?

«Karlheinz Binder», könnte Gott eines Tages zu mir sagen, «ich hatte dich um eine realistische Einschätzung der Lage gebeten. Was ist?»

«Realität ist für uns das, was wir selber tun, und solange wir den berühmten Silberstreif am Horizont wahrzunehmen glauben, gilt der so verbreitete, so falsche und so grundsätzliche Grundsatz: Hilf dir selber, dann hilft dir Gott.»

Kofferträger

Als wir uns vor der Tür des Konferenzhotels trafen, lachte mein Geschäftsfreund Otto Wernicke mich an und ließ seinen Blick über meine ganze Figur wandern.

«Wissen Sie eigentlich», fragte er, «daß ich Sie noch nie ohne Ihren Aktenkoffer gesehen habe? Tragen Sie ihn auch nachts, oder steht er wenigstens griffbereit neben Ihrem Bett?»

Ich lachte zurück und sagte: «Nein, da beschwert sich meine Frau, weil sie so gern in meinen Armen einschläft, und da wäre dieses Utensil doch wohl eher hinderlich, aber sonst fürchte ich», und dabei legte ich die Stirn in sorgenvolle Falten, «daß man mich nach meinem Hinscheiden operativ von ihm trennen muß.»

«Oh», meinte er, «da hätte ich eine Lösung. Ich bin auf dem Erbweg vor kurzem Besitzer einer Tischlerei geworden. Die machen auch Särge, und ich erkläre mich hiermit und ausdrücklich bereit, ohne den geringsten Preisaufschlag für Sie eine Sonderanfertigung mit paßgenauer Ausbuchtung machen zu lassen.»

Wir schlugen uns voller Heiterkeit gegenseitig auf die Schulter, nickten dem Portier mit der dekorativen, goldenen Achselnummer freundlich zu, was ihn förmlich überrumpelte, und gingen die Treppe hinauf ins Konferenzzimmer 4.

Das Referat des Experten für EG-Fragen war hochinteressant und voll guter, treffender Beispiele, aber meine Gedanken waren nicht recht bei der Sache. Ich mußte immer wieder an die Bemerkung von Otto Wernicke über das innige, schon fast symbiotische Verhältnis zwischen mir und meinem Koffer denken.

War dieser äußere Zustand Ausdruck meiner inneren Haltung, immer, überall und unablässig mit dem verbunden zu sein, was mir so wichtig war? Was einen wesentlichen Teil meines Lebens ausmachte? Immer geschäftig, immer geschäftlich, immer alles Wichtige dabei und im Zugriff und somit immer nur eine Hand frei? Als sei ich behindert. War ich das?

Diplomaten-Kuriere haben eine feine, aber äußerst solide Stahlkette um Handgelenk und Koffergriff, damit ja nichts sie voneinander trennen kann, überlegte ich. Aber lief ich nicht genauso an der Kette, unsichtbar, wirkungsvoll, mit Folgen?

Ich stützte den Kopf in die Hand und stellte mir lächelnd die Form des sonderangefertigten Sarges und die Verblüffung meiner trauernden Freunde vor.

Und was würde ich mitnehmen im Koffer auf die letzte, große Reise? Die aktuelle Jahresbilanz? Und die Einkommenssteuer-Erklärung nebst Spendenquittungen als Nachweis, den Zehnten ernstgenommen zu haben? Das große Bundesverdienstkreuz, falls bis dahin jemand auf die Idee gekommen sein sollte, es mir zu verleihen?

Ob das wohl Eindruck machen würde, dort oben? Sicherlich würde ich Aufsehen erregen, als einziger Engel mit Aktenkoffer. Aber alle könnten daran sehen:

Der war ein erfolgreicher Mensch, immer ganz da, immer bestens präpariert. Auch auf dieses Letzte, Endgültige?

Eine Stelle aus dem Lukas-Evangelium kam mir in den Sinn. Da sagt Jesus Christus: «Es herrscht Freude bei Gott im Himmel über einen Menschen, der ein neues Leben anfängt.»

Kein Wort von irgendwelchen weiteren Gründen, die Anlaß der Freude Gottes über uns Menschen sein könnten. Hat er andere Maßstäbe, andere Gewichtigkeiten? Hat das, was uns so beeindruckt, bei ihm keine Gültigkeit? Nur das neue Leben?

Unmittelbar anschließend erzählt Jesus die Geschichte vom verlorenen Sohn und macht darin klar, was es heißt, ein neues Leben anzufangen: Heimkehr zum Vater und bedingungslose, vertrauensvolle Auslieferung an seine Liebe und Vergebung.

Sollte ich vielleicht meinen Aktenkoffer in die Ecke stellen für das Wagnis, mein Herz in beide Hände zu nehmen?

Wegwerf-Gesellschaft

Als ich die Tür zum Büro von Eberhard Schmittke, unserem EDV-Chef, aufmachte und er mich wahrnahm, lachte er mir in seiner breiten, zuverlässigen Art freundlich entgegen, kam um seinen Schreibtisch mit der Riesenplatte, passend für jegliches Format von Endlosformularen, herum, gab mir die Hand und sagte: «Was verschafft mir die außerordentliche Ehre dieses Besuches? Oder haben Sie sich aufgrund eines Navigationsfehlers im Kurs geirrt und sind vor meiner Tür gestrandet?»

«Kein Schiffbruch», antwortete ich, «Seemanns Absicht. Da hat mir vor ein paar Tagen ein Branchenkollege erzählt, übrigens ist er Segler, genau wie Sie, auf der nächsten Messe würden wahrscheinlich zwei Hersteller mit einer ganz neuen, ganz raffinierten, ganz schnellen und fast ganz preiswerten Maschinen-Generation in der mittleren Datentechnik herauskommen. Und weil Sie der absolute Fachmann sind, möchte ich mich gern mal schlau machen. Das könnte nämlich was sein für den

Computerverbund mit unseren Zweigwerken.»

Eberhard Schmittke nahm seine wohl schon vorher frisch gestopfte Pfeife vom Schreibtisch, drückte den Tabak noch einmal mit dem Daumen fest, und während er das Anzünde-Ritual absolvierte, sagte er zwischen zwei Atemzügen: «Es stimmt, was Sie da gehört haben, ich weiß sogar schon mehr darüber.» Er legte die Schachtel mit den Streichhölzern zurück, und da entdeckte ich ein Computer-Schaltmodul neben dem Kasten für die Notizzettel.

Ich nahm es vorsichtig in die Hand, betrachtete es von allen Seiten, fasziniert über so viel technische, ebenmäßige Schönheit.

Hunderte von goldglänzenden Leiterbahnen führten wie die Geleise auf einem Miniatur-Güterbahnhof zu Gruppen von buntfarbig markierten Schaltelementen, und das alles in einer geometrischen Ordnung, faszinierend!

Eberhard Schmittke beobachtete mich aufmerksam: «Sieht gut aus, so eine Steckschaltung. Da waren Ästheten als Konstrukteure dran. Fast schon ein Kunstwerk, aber das Ding hat eine Macke, irgendwo sitzt ein Kurzschluß, finito.»

«Und was machen Sie jetzt damit?» fragte ich. «Wegschmeißen», knurrte er, «es sei denn, Sie wollen es sich an die Wand hängen, auf Eiche oder Teak macht sich so was ganz attraktiv. Mit freundlichen Grüßen von mir und der EDV, zur wohlwollenden Erinnerung.»

Ich klopfte ihm auf die Schulter, bedankte mich, und dann erklärte er mir, was sich da in der mittleren Datentechnik auf dem Markt demnächst tun würde.

Zurück in meinem Büro hielt ich das mir in so kollegialer Weise verehrte Modul prüfend und begutachtend an die Wand. Schmittke hatte recht, es war überaus dekorativ, und ich freute mich, es vor der Verschrottung bewahrt zu haben.

Da baut man, dachte ich, immer komplexere Systeme, hochkompliziert, vollintegriert, als konstruktive Einheit in sich geschlossen und somit nicht mehr reparierbar. Sicherlich, so zu verfahren, war rationeller in der Fertigung, vereinfachte das Beheben von Pannen und Ausfällen, und damit sanken unter dem Strich gesehen Kosten und Zeitaufwand. Die logisch und kühl rechnende Wegwerf-Gesellschaft war auch in diesen Bereich vorgedrungen: Wenn etwas seine Funktion verliert und damit keinen Nutzwert mehr hat, wird es ausrangiert. Wenn etwas nicht schnell genug oder nicht mehr einwandfrei arbeitet, werfen wir es weg, Schaltungen, Maschinen, ganze Systeme; Mitarbeiter, die sich in ihrem Kreativpotential und der Begeisterungsfähigkeit abgenutzt haben; Ehepartner, die nicht mehr den neusten Trend- und Modellvorstellungen entsprechen; ungeborene Kinder, die unsere Zukunftspläne durcheinanderzubringen drohen, und selbst Gott, wenn wir merken, daß wir ihm auf Dauer nicht mehr ausweichen können, weil seine fordernde Liebe uns nicht so lassen wird, wie wir sind.

«Ohne Gott und Sonnenschein bringen wir die Ernte ein», hatte man rund vierzig Jahre lang im Brustton der Überzeugung in der früheren DDR zitiert.

Ist nicht alles planbar, beherrschbar und machbar durch den menschlichen Geist, die moderne Technik und die richtige Ideologie? In einer Zeit des Kunstdüngers, der Bewässerungsanlagen, Versicherungen und Sozialsysteme? «Vor der Zukunft ist uns nicht bange, erstens haben wir sie im Griff, und zweitens fängt sie erst morgen an!»

Wozu dann noch Gott? Also hat der Marxismus ihn abgeschafft. Heute gibt es viele, die darüber nachsinnen, ob dieses Denken wirklich nur auf die Köpfe der anderen beschränkt war? Ob einer, der Gott in den großen Abfalleimer der Evolutionstheorie, der allerneusten wissenschaftlichen Erkenntnisse und seiner blickbeengten Zweifel tut, nicht damit auch seine Zukunft wegwirft?

«Ihr Lieben», sagt Gott in der Bibel immer wieder, «ich bin auf der Suche und auf dem Weg zu euch. Ihr seid für mich so wertvoll, daß ich mit Jesus Christus das Äußerste getan habe, um euch klarzumachen, daß ihr keine Wegwerf-Artikel seid, sondern eure Seelen sind das Kostbarste in meiner Schöpfung. Darum: Werft euer Vertrauen zu mir nicht weg, denn eine große Belohnung wartet auf euch, wenn ihr treu und beständig bleibt und tut, was ich will: Euer Vertrauen in meinen Sohn Jesus Christus zu investieren, damit ihr eine Zukunft habt, die über das Ende eures Lebens hinausreicht» (nachzulesen in Hebräer 10,35).

Bauherren-Modell

Auf der Steigung der Schnellstraße hatte sich eine lange Schlange gebildet. Die Auspuffgase der Lastwagen vor mir vernebelten die Sicht, ich stellte Heizung und Lüftung ab, weil selbst im Auto der Geruch allmählich penetrant wurde. Noch ein paar hundert Meter, dann würde sich die Fahrbahn auf drei Spuren erweitern, die Chance zum Überholen. Als ich daran dachte, sank mein Adrenalinspiegel im Blut spürbar. Aber es kam anders: Stillstand. Nichts ging mehr. Ich stellte den Motor ab und folgte dem Beispiel meiner Vorder- und Hintermänner; ich stieg aus.

Es war ein wunderbarer Tag mit einer milden Sonne über einer friedsamen, lieblichen Landschaft. Ganz langsam drehte ich mich beim Schauen um meine Achse, damit das wahrgenommene Panorama volle dreihundertsechzig Grad umfaßte, und plötzlich entdeckte ich das Haus und den Garten, dicht neben der Straße.

Ursprünglich erbaut als ganz normaler ebenerdiger Bungalow, hatte der Besitzer auf das Gebäude ein originales Schwarzwalddach gesetzt, jedoch gedeckt mit röhrenförmigen roten Pfannen, wie sie typisch für den Mittelmeerraum sind. An die Winkel des Baues waren, wohl nachträglich, zwei Erker angefügt, einer rechts, sechseckig mit runder Hutze, der andere links, oval, nach oben auslaufend wie das Türmchen an einer mittelalterlichen Raubritterburg.

Absolute Inkonsequenz bei den Fenstern: Von großflächigen Isolierscheiben über alpenländisch Kleingeripptes bis hin zur rustikalen Butzenverglasung. Geschwungene, reich verzierte Dachrinnen, wie man sie an alten Patrizierhäusern findet, und eine Terrasse mit Amphoren, steinernen Löwen, kugelbäuchigen Putten undefinierbaren Geschlechts und neben einer um mehrere Nummern zu pompösen marmorgefaßten Freitreppe die Statue eines schlanken, nackten David, den ich für eine Kopie hielt, weil ich das Original in Florenz gesehen hatte und bisher nirgends in der Presse stand, daß es verkauft worden wäre.

Und erst der Garten: Ein putziger Teich mit einer kleinen Insel und auf ihr ein Zwei-Personen-Miniatur-Teehaus asiatischen Ursprungs. Die Brücke dorthin eindeutig aus Holland, zu besichtigen auf Bildern von van Gogh. Auf dem Rasen zwischen grünen Büschen eine Glaskugel, die das Sonnenlicht in seine Spektralfarben zerlegte. Durchmesser mindestens ein Meter, attraktiv anzuschauen, und dahinter eine sichelförmige, monumentale Sonnenuhr aus Bronze, zu groß, zu schwer, voller Ornamente, die wohl die Tierkreiszeichen symbolisierten.

Ich starrte hinüber und fing an zu lächeln über dieses abenteuerliche Sammelsurium von Materialien und

Stilen, zusammengepfercht auf ein paar hundert Quadratmetern, aber mein ungläubiges Kopfschütteln wurde schon im Ansatz unterbrochen, weil mein Hintermann auf der Straße mich hupend aufmerksam machte: Es ging weiter.

Während wir langsam den Rest der Steigung hinaufkrochen, dachte ich über die Menschen nach, die wohl in diesem Haus wohnten. Gehörten sie zu denen, die das, was ihnen auf Reisen aufgefallen war und was sie schön fanden, ohne Rücksicht auf Längen- und Breitengrade zu Hause einfach nachahmten? Ohne Gefühl für Harmonie, Zusammengehörigkeit? Waren sie typisch für Leute, die schnell zu Geld, aber mit Verzögerung zu Bildung kommen? Die sich Wohnungen bauen und einrichten, in die sie selber nicht hineinpassen, wo sie wie Fremdkörper wirken, weil sie nicht danach fragen, was zu ihnen und ihrem Wesen gehört, sondern nur danach, ob es ausreichend kostbar und teuer ist? Und auf diese Weise entstehen geschmacksverräterische Konglomerate, die andere nicht erwartungsgemäß bewundern, sondern ihre Erwerber und Besitzer als Banausen einstufen.

Warum eigentlich, überlegte ich hinter meinem Lenkrad. Woher nehmen wir das Recht, aus unserer stilsicheren Erhabenheit andere abzuqualifizieren? Sie kulturell und sozial herunterzustufen, nur weil ihr Tun nicht dem entspricht, was wir durch gegenseitigen Konsens als guten Geschmack betrachten? War nicht mein eigenes, im Versuch steckengebliebenes Kopfschütteln eine Art Hochmut? Glich nicht dieses Haus in seiner ganzen Inkonsequenz mir selber?

Irgendwann hatte Gott doch wohl auch für mein Leben so etwas wie einen architektonischen Grundplan gezeichnet, mit geraden, festen Strichen, genau abgestimmt mit meiner Art und meinem Wesen, und was hatte ich daraus gemacht? Da gab es so viel Verschachteltes, Unübersichtliches, Ungereimtes.

Da waren Erker, Seitenflügelchen und Giebel. Angebaute winkelige Kompromisse, hier einer, dort einer. Ohne die kritische Frage, ob es wirklich zur Architektur meines Charakters und meines Lebens paßte. Existieren da nicht viele unnötige Verzierungen, die nur der Reputation dienten? Ohne Nutzwert, ohne wirkliche Substanz, nur stolz machend.

Hatte ich nicht selber alles das, was ich bei anderen großartig und beeindruckend fand, in mein Leben integriert und damit Stück für Stück Gottes Plan verhunzt?

Gott hat uns geschaffen nach seinem Bild, und wenn wir fünfzig oder sechzig werden, sind wir ein ganzes Kaleidoskop von anerzogenen und angenommenen Vorstellungen, von übernommenen Klischees und Meinungen, von verfestigten Vorurteilen und Überheblichkeiten.

Was schrieb Blaise Pascal kurz vor seinem Tod im Rückblick auf viele Jahre? «Jeder wird als Original geboren, aber er stirbt als Kopie.»

Wessen Bauherren-Modell bin ich?

Offener Brief an meine liebe Ehefrau

In wenigen Tagen werden wir in Urlaub gehen und Zeit füreinander haben.

Zeit und Gelegenheit, Dir endlich einmal all das zu sagen, was mir mein Gewissen schon lange aufs Herz legt und wozu ich aus alibihaft vorgeschobener Terminnot viel zu lange nicht gekommen bin: wie sehr ich Dich liebe, voller Dankbarkeit, daß wir zwei zusammengehören.

Ich habe Angst vor diesem Gespräch mit Dir, denn ich bin, wie so viele Ehemänner, in allen beruflichen Angelegenheiten nie um Worte, Begründungen und Argumente verlegen; aber im Privaten, wenn es um die tiefe Zuneigung zweier Menschen geht, um die Liebe zwischen Mann und Frau, da fehlt das Vokabular, da sind wir ungeübt bis hin zur Unfähigkeit.

Und deshalb schreibe ich. Nicht nur an Dich, sondern stellvertretend an viele Ehefrauen anderer Ehemänner, die – wie ich – im Urlaub die Möglichkeit hätten, endlich einmal ihr Herz reden zu lassen, und denen genau dann die Worte ebenso fehlen, weil wir dies verlernt haben.

Wir sind mit unserem kommerziell geprägten und kaufmannsdeutsch eingefärbten Verstand ja noch nicht einmal in der Lage, das in Worte umzusetzen, was wir ganz tief in uns für Euch fühlen. Ich fürchte, bei den meisten von uns würden überwältigende, ewigkeitsträchtige Formulierungen von dieser Art herauskommen: «Unter Bezugnahme auf unsere Unterredung am 13. Juli dieses Jahres erlaube ich mir, Dir mitzuteilen...» und spätestens an dieser Stelle wäre beschämend offenbar: Das wird nie und nimmer das, was es werden soll – ein Liebesbrief.

Unsere Berufe haben uns, wie in einem Sinterungsprozeß, hart und spröde gemacht. Wir leiden darunter, wissen um Defizite in Fragen der Zuwendung, der Hingabe und stürzen uns, selbst im Urlaub, in Aktivitäten und Ablenkungen, nur um zu verhindern, daß wir dabei ertappt werden, welche Dilettanten wir in solchen Fragen geworden sind. Dabei wißt Ihr das schon längst.

Ich danke Dir und allen Ehefrauen für die Liebe, die sich nicht entmutigen ließ. Auch dann nicht, wenn wir sie oft genug, zu oft – durch Ungeduld, geistige Abwesenheit und In-Ruhe-gelassen-werden-Wollen strapaziert haben.

Ich danke Dir für die Nächte, in denen Du Dich mühsam wachgehalten hast, weil Du mich bei Nacht und Regen auf der Autobahn wußtest und es als lieblos empfunden hättest, Dich schlafen zu legen. Und ich kam nach Hause und hatte keine anderen Worte übrig als die Frage, warum Du noch immer auf seist!

Ich danke Dir für Deine Phantasie, Menschen Geschenke zu machen, bei Fest- und Feiertagen, die ich aus lauter Beschäftigtsein notorisch vergesse. Du bist es, die stillschweigend meine Versäumnisse und Nachlässigkeiten wieder ins Lot bringt. Habe ich Dir jemals gesagt, daß ich ohne Dich hilflos wäre? Mein sonst so präzise arbeitender Verstand stellt seine Funktion schlagartig ein, wenn einer die Frage stellt: «Weiß jemand, was wir dem netten Verwandten, Freund und Kollegen zum Geburtstag schenken könnten?» Es ist die Kreativität der Liebe, die sich in Menschen und Situationen hineinfühlt. Ich habe sie verloren, zumindest ist sie verschüttet.

Ich danke Dir, daß Du aus unserem Haus ein Zuhause gemacht hast, ein Heim zum Heimkommen, zum geborgenen Wohlfühlen, mit Deiner Liebe gestaltet, geordnet und erfüllt. Nur, wann sage ich Dir das schon einmal? Mein Leben ist voller hastiger Gedankenlosigkeiten, da sind so viele nervöse Versäumnisse und ichbezogene Verhaltensweisen. Es bleibt nicht viel übrig von dem, was mein Menschsein und meine sogenannte Größe ausmacht.

Und weil Du mich kennst, hast Du oft und behutsam versucht, mir zurechtzuhelfen, ohne dabei mein Selbstverständnis zu beschädigen, denn Du weißt um meine Verletzlichkeit, obwohl ich meinen Mitarbeitern immer wieder erkläre, eine robuste Konstitution in jeder Beziehung sei eine der wichtigsten Voraussetzungen für das Vorwärtskommen. Theorie und Praxis.

Meine liebe Ehefrau, in wenigen Tagen gehen wir in Urlaub und haben Zeit füreinander. Anlaß, viele gute, ehrliche Vorsätze zu fassen? Sich vielleicht in bewährter Managerroutine einen richtigen Plan zu machen? Vielleicht sogar ganz gründlich ein Themen- und Kommunikationskonzept? Nichts davon! Ganz in der Zu- und Hinwendung leben. Bewußt und dankbar gegenüber Gott wieder neu begreifen, was die Liebe für ein wunderbares, einmaliges Geschenk an uns Menschen ist. Die Liebe zwischen Dir und mir, der ich in meinem Denken und Fühlen Raum geben möchte. Und die Liebe zwischen Gott und uns, der Dich und mich auf Ergänzung angelegt und uns als sein Gegenüber geschaffen hat. Fähig zum Dialog, zur Hingabe und zur Dankbarkeit.

Ich wünsche allen einen nachdenklichen, innigen und gesegneten Urlaub!

Ich danke Dir für die Nächte, in denen Du Dich mühsam wachgehalten hast, weil Du mich bei Nacht und Regen auf der Autobahn wußtest und es als lieblos empfunden hättest, Dich schlafen zu legen. Und ich kam nach Hause und hatte keine anderen Worte übrig als die Frage, warum Du noch immer auf seist!»

Bewitterungstest

«Wenn wir», sagte er mit hochrotem, angestrengtem Gesicht und schob die drückenden Träger seines Rucksacks weiter nach außen auf die Schultern, «wenn wir einen kleinen Umweg machen, kann ich Ihnen etwas Interessantes zeigen.»

Ich nickte stumm, weil ich fürchtete, beim Sprechen aus dem Atemrhythmus zu geraten, und wir bogen von der unbarmherzigen Diretissima mit den steilen Serpentinen auf einen kleinen Seitenweg ein, der sich von Beschaffenheit und Steigungswinkel als schon fast managerfreundlich erwies.

Die Idee zu dieser Wanderung war uns einige Wochen vorher gekommen, als ich Hannes Menzel auf einer Fachtagung traf. Wir hatten unsere Plätze bei einem uns beide interessierenden Referat ganz zufällig nebeneinander und freuten uns, auf diese Weise eine schon lange bestehende, gute Bekanntschaft auffrischen zu können.

Im Saal war es erbärmlich kalt. Irgend jemand hatte wohl die Klimaanlage falsch eingestellt, und sie blies in Windstärke sechs auf uns herunter mit einem Luftstrom, der direkt aus dem nördlichen Eismeer zu kommen schien. In der Pause gingen wir fröstelnd hinüber ins

Restaurant, und ich bestellte mir einen Grog. Der Kellner nahm meine Order mit hochgezogenen Augenbrauen entgegen, denn es war schließlich, wie man an der großen Kalenderuhr über dem Eingang ersehen konnte, der 18. August.

«Sie auch einen?» fragte er Hannes Menzel mit dem dazu passenden Unterton. «Ach nein», sagte Menzel, «nach diesem polaren Erlebnis sollte man sich sportlich betätigen, damit einem richtig heiß wird.» Ich nickte: «Jetzt eine stramme, harte Wanderung im Hochschwarzwald.» Wir fanden die Idee spontan und grundsätzlich gut und vereinbarten fröhlich Ort und Termin.

«Dort drüben ist es», rief Menzel und zeigte mit der Hand auf eine gerodete Fläche, wo ich zwischen dem nachwuchernden Gebüsch seltsam bunte Flecken wahrnahm. Sie entpuppten sich aus der Nähe als einzelne, stabile Gerüste, auf die lackierte Metalltafeln geschraubt waren. Am unteren Rand jeder Platte standen eine Reihe von Ziffern und Zahlen.

Ich sah Hannes Menzel fragend an, und er erklärte: «Die sind alle von meiner Firma. Wir machen hier für unsere Lacke und auch für die der Konkurrenz Bewitterungstests unter extremen Bedingungen. Die Zahlen da unten», er zeigte auf eines der Farbmuster, «geben den Hersteller, die DIN-Bezeichnung für den Farbton und den Tag des Testbeginns an. Unsere Techniker machen regelmäßig Messungen und werten die Ergebnisse dann für uns aus. Wissen Sie, in tausend Meter Höhe sind Sonne, Wind und Regen besonders intensiv. Wenn da ein Fabrikat nichts taugt, dann wirft die Farbe Blasen, blättert ab, verblaßt oder vergilbt. Hier schlägt die Stunde der Wahrheit. Hier zeigt sich, was Qualität ist.»

Ich ließ meinen Blick über die bunte Vielfalt schweifen und sagte: «Das ist ja fast wie im richtigen Leben. Bei uns selber zeigt sich auch erst in besonderen Situationen, wie echt wir sind, oder ob der Lack abgeht. Da kann man die tollsten Überraschungen erleben.» Wir lachten beide.

Als ich am Abend dieses so schönen und anstrengenden Tages nach Hause fuhr, waren meine Gedanken immer wieder mit dem beschäftigt, was ich dort oben gesehen und dazu gesagt hatte. In meiner Lohnsteuerkarte steht: evangelisch. Wie bei so vielen anderen. Ich bezeichne und verstehe mich als einen Christen, ich war bis anhin auch davon überzeugt, als ein solcher nicht allzuschlecht abzuschneiden. Aber ist mein religiöses Leben wirklich farbecht? Resistent gegen problematische Wetterlagen und beständig in Zeiten mit viel Sonnenschein? Besonders dann, denn nichts testet und prüft die Wahrheit unseres Christseins wohl mehr als Schönwetterphasen, wenn die Sonne lacht und es uns gut geht.

Was hatte neulich ein Freund zu mir gesagt? «Wir brauchen Gott am nötigsten, wenn wir meinen, ganz gut ohne seine Hilfe auszukommen.»

Es hatte in der Vergangenheit viele Ereignisse gegeben, dazu angetan, die Festigkeit und die Ausdauer meines Glaubens als Christ sichtbar zu machen. Situationen, über die der Apostel Petrus in einem seiner Briefe schreibt: «Wie das vergängliche Gold im Feuer auf seine Echtheit untersucht wird, so wird euer Vertrauen auf Gott, das ja viel kostbarer ist als jedes Edelmetall, unter Belastungen geprüft, ob es echt ist.» Bewitterungsteste Gottes, damit wir erkennen können, wer und wie wir tatsächlich sind, denn es gibt unter uns so viele farblose Christen mit einem verblaßten Glauben, der vor Jahren einmal frisch und kräftig war und inzwischen zur gedankenlosen Routine geworden ist. Erstarrt in Verhaltensweisen, die wir für ein lebendiges Engagiertsein halten.

Wir gehören genau zu den Leuten, mit denen sich der Prophet Maleachi in seiner mutigen und respektlosen Weise anlegte, weil sie auf ihre Religionszugehörigkeit, ihre sozialen Verdienste, ihre gesellschaftliche Stellung und ihr wohlwollend-tolerantes Verhältnis gegenüber Gott vertrauten und sich dabei so sicher und so gerecht fühlten. «Wer von euch», greift der Prophet sie an, «kann denn wirklich mit seiner Haltung vor Gott bestehen? Keiner! Denn Gott ist wie das Feuer im Schmelzofen.» Und dann rüttelt er an ihren und unseren Gewissen, erinnert die Priester, daß bei so vielen inzwischen die Berufung zum Beruf geworden ist, lebendiger Glaube zur toten Theologie. Er hält den formal Gläubigen vor, wie lau sie im Alltagsleben ihr Christsein verstecken, verleugnen und vergessen. Und uns alle konfrontiert er mit der Tatsache, daß Gott eines letzten Tages Gericht halten wird: «An einem Tag, der brennen wird wie ein Ofen.»

«Wo ist deine Bereitschaft zur ehrlichen Selbsterkenntnis?» müßte Gott mich eigentlich fragen. «Wo ist deine Demut, dich endlich so zu sehen, wie du bist? Mit aller deiner Halbherzigkeit, deinen selbstbetrügerischen Beschönigungen, deiner hochglanzlackierten Oberfläche? Hast du jemals darüber nachgedacht?»

Anrede-Probleme

«Lieber Johannes Kunz», hatte ich ihm geschrieben, «ich erinnere mich herzlich gern an unsere Begegnung in Köln und das gute Gespräch, das wir zwei an diesem langen Abend miteinander hatten. Wir sind uns, besonders persönlich, ein Stück nähergekommen, und darüber freue ich mich. In der Anlage zu diesem Brief finden Sie die erbetenen Unterlagen über den Stand der Diskussionen zur Neuordnung unseres Wirtschaftsverbandes.»

Und jetzt lag seine Antwort auf meinem Schreibtisch. «Sehr geehrter Herr Binder», hieß es da in der Anrede, und im gleichen distanzierten Stil, ganz geschäftsmäßig, ging es in den Formulierungen weiter. Ich war betroffen. Was vollzog sich im Kopf und im Herzen eines Menschen, der nach dem dritten Pils ein warmherziger, geistreicher Mann gewesen war und sich jetzt wie ein völlig Fremder gab?

Ich betrachtete aufmerksam seine Unterschrift und ertappte mich kopfschüttelnd beim Versuch, aus ihr etwas über sein Wesen herauszudeuten. Eigentlich liegt mir so etwas gar nicht, ich höre und achte lieber genau auf das, was ein Mensch sagt und wie er das tut. Ich lese in seinen Augen und nicht in den Unterlängen seiner Hieroglyphen. Da bin ich sicherer in meiner Einschätzung, aber wohl doch nicht frei von Irrtümern, zumindest bei Johannes Kunz. Warum diese Wende? Hatte irgend etwas unser Verhältnis getrübt, oder lag es in seiner Natur, sich jeweils an die gegebene Situation äußerlich anzupassen und doch immer derselbe zu bleiben?

So, wie diese neu entwickelten Metalle mit Formgedächtnis, von denen ich gelesen habe, daß man sie unter besonderen Temperaturen biegen und verdrehen kann, aber sobald sie in ihre thermische Normalität zurückversetzt werden, springen sie spontan wieder in ihren Urzustand. Hatte Johannes Kunz ganz heimlich Ängste, die ihn nötigten, sich immer dann anzupassen, wenn er sich einem anderen oder einer Situation nicht entziehen konnte? So wie ein Chamäleon, das die Farbe seiner Umgebung annimmt, um Risiken und Gefahren zu vermeiden?

Ich erinnerte mich an einen prominenten Mann. Er steht an hoch exponierter Stelle im öffentlichen Leben, ist Gast bei zahlreichen Veranstaltungen, hält viele Reden und ist das, was man heute populistisch und integrationsfähig nennt: Wenn er vor CDU-Leuten referiert, meint man, er sei auch einer. Wenn er vor der SPD spricht, glaubt man ganz sicher, er habe deren Parteibuch in der Brusttasche. Redet er vor National-Konservativen, dann tönt es markig und sehr deutsch aus ihm heraus. Bei Christen ist er bibelfest und fromm, und in der dominierenden Gegenwart von Freidenkern ist er überzeugt, daß alle Religionen auf dieser Welt nur an einen einzigen, universalen, globalen, kosmischen Gott glauben, obwohl er sich selber als konsequent-evangelisch begreift.

Warum ist cr so? Nur um anderen zu imponieren und sich geschmeidig anzubieten? Erhofft er sich davon Vorteile? Will er es mit keinem verderben?

Weshalb, fragte ich mich, sind wir nicht immer und überall die, die wir sind?

Da hat es eine Befragung unter Managern gegeben, welche Eigenschaften sie an einem Menschen am meisten schätzen. Die Antwort: Wahrhaftigkeit. Warum sind wir dann nicht so? Wieso stimmen immer wieder Christen mit ein, wenn andere zweideutige Witze erzählen? Und werden Erfahrungen ausgetauscht, wie man die Gesetze dieses Staates elegant unterläuft und das Finanzamt beschummelt, setzen sie noch einen obendrauf. Wenn alle auf die Kirche meckern, schimpft man mit und erklärt sein fachmännisch-kritisches Unbehagen. Mitten in einem Zeitraum, der zum ‹Jahr der Bibel› erklärt ist, stimmt man eifrig in den Chor von Leuten ein, die einem prominenten Namenschristen zujubeln, weil er erklärt hat, dieses zentrale, uns durchleuchtende Buch wäre nicht Wort Gottes, sondern eine Sammlung von Mythen, und Jesus Christus sei weder Sohn Gottes noch Realität.

In unseren Gebeten sagen wir Du zu Gott und nennen ihn Vater, und in der Öffentlichkeit siezen wir ihn und halten kühle Distanz. Sind wir wirklich so viel anders als Johannes Kunz?

«Bei euch ist jeder darauf aus, von den anderen Anerkennung zu bekommen. Nur die Anerkennung bei Gott, die sucht ihr nicht», sagt der Apostel Johannes zu den Leuten, die dabei sind, ihre Seele und ihr Gewissen umzupflügen, damit dort wachsen kann, was sie als neu, fortschrittlich, zeitgemäß und gesellschaftsadäquat empfinden.

Wenn Gott, überlegte ich, mir aus irgendeinem Grund morgen einen Brief zu schicken hätte, wie würde er mich anreden? Könnte er schreiben: «Mein lieber Karlheinz»? Oder müßte er schreiben: «Sehr geehrter Herr Binder»?

Und bei Ihnen, sehr geehrter, lieber Freund?

«In unseren Gebeten sagen wir du zu Gott und nennen ihn Vater, und in der Öffentlichkeit siezen wir ihn und halten kühle Distanz.»

Beförderung

Alle Gespräche erstarben, und konzentrierte Stille breitete sich aus im Saal, als Wilfried Kirsch mit seinem silbernen Kugelschreiber an das Sektglas klopfte. Nach den ungeschriebenen Geboten der Höflichkeit bildete sich um ihn herum ein freier Raum, so daß ihn alle Gäste dieses Stehempfanges sehen konnten.

Er blickte in die Runde, deutete hier ein wohlwollendes Lächeln, dort ein Augenzwinkern an, verharrte für ganz kurze Momente im Blickkontakt mit denen, die er besonders schätzte, und ich bewunderte im stillen seine ganz natürliche Begabung, in dieser gekonnten Weise unsichtbare Orden zu verleihen.

«Meine sehr verehrten Damen und Herren», sagte er, «ich freue mich, daß wir heute ein ganz besonderes Ereignis miteinander feiern können: Morgen früh, punkt sieben Uhr, werden wir unsere neue Fabrikationsanlage in Betrieb nehmen. Wir haben sie gemeinsam mit dem Hersteller entwickelt, und sie ist in Konstruktion und Technologie das Modernste auf diesem Sektor weit und breit.

Ich begrüße zu diesem Ereignis mit großer Herzlichkeit die Repräsentanten meiner engsten Geschäftspartner», dabei sah er zu uns Gästen herüber, «und», fuhr er fort, «eine ganz besondere Freude ist es für mich, daß Sie als meine engen Mitarbeiter im Management dieses Hauses auch Ihre Ehepartner mitgebracht haben, denn das gibt uns die Gelegenheit, uns nicht nur untereinander kennenzulernen, sondern endlich auch einmal zu zeigen, wo wir Vielbeschäftigten Tag für Tag unsere Arbeitszeit verbringen.

Ihnen allen gilt mein herzlicher Dank, aber», und sein Lächeln und sein Blick konzentrierten sich auf eine bestimmte Stelle im Saal, «einen Mann möchte ich heute in ganz besonderer Weise ehren. Er hat dieses Riesenprojekt in den letzten dreißig Monaten geleitet, dabei Tag und Nacht über Termine, Verbesserungen, Probleme, Netzpläne und Abläufe nachgedacht, Pannen behoben, unzählige Gespräche und Verhandlungen geführt und so alles zu einem guten Ende gebracht. Ich spreche von Kurt Wegner, dem unermüdlichen, dynamischen, rastlosen, aber nie ratlosen Mann. Mein Lieber, als Anerkennung und Auszeichnung für Ihre Tüchtigkeit, Ihren Einsatz und Ihre Loyalität ernenne ich Sie ab heute zu meinem persönlichen Stellvertreter mit der wichtigen Aufgabe, sich nun von der Firmenspitze her in bestimmender Weise um das zu kümmern, was Sie aufgebaut haben: die neue Produktion.»

Und dann ging Wilfried Kirsch mit seinen langen, festen Schritten hinüber zu Kurt Wegner, gab ihm die Hand und sagte: «Wir alle sind stolz auf Sie!»

Die vielen Menschen im Raum applaudierten und drängten sich um Wegner, ihm zu gratulieren.

Ich sah mich um nach seiner Frau, die kurz vorher noch ganz in meiner Nähe gestanden hatte, wollte gern ihr freudiges Gesicht sehen, aber sie war weg. Mein Blick wanderte von Person zu Person, aber ich konnte sie nirgends entdecken, und das machte mich unruhig. Wer verläßt schon mitten in einer Ehrenstunde des eigenen Mannes den Saal? War irgend etwas passiert?

Ich drängte mich durch die Zuhörer, und im menschenleeren Foyer fand ich Beate Wegner. Sie stand mit dem Rücken zum Raum und starrte aus dem Fenster hinaus in den Park. Ich ging zu ihr, legte die Hand ganz sachte auf ihre Schulter und sagte: «Kann ich etwas für Sie tun?», und als sie sich umdrehte, sah ich, daß sie weinte.

«Warum?» fragte ich. «Freuen Sie sich denn gar nicht über diese so großartige Anerkennung für Ihren Mann?» Sie sah mich unter Tränen an: «Und wer hat ein gutes Wort für mich?»

Die Frage traf mich voll ins Herz. Ich begriff, was wir geschäftigen, mit Erfolgen dekorierten Manager für gedankenlose Menschen waren. Da hatte ein Mann etwas Großes geleistet, bekam dafür den Lorbeerkranz auf die Stirn gedrückt, und seine Frau hatte ihn bezahlt. Mit dreißig Monaten Rücksichtnahme auf seine Nervosität. Mit vielen Tagen seiner physischen und kaum zählbaren Stunden der geistigen Abwesenheit. Mit Nächten, in denen sie schlaflos geblieben war, weil er sich unruhig von einer Seite auf die andere wälzte. Mit ihrer Kraft, ihm immer wieder Mut zu machen, wenn es aussah, als würden Arbeiten und Termine aus dem Ruder laufen. Sie hatte bezahlt im stillen Verzicht auf so viele kleine und große Wünsche: ihn endlich einmal wieder ganz für sich zu haben, ganz gelassen und gelöst mit ihm auszugehen,

Freunde einzuladen, eine Reise zu machen, ohne Zeitdruck miteinander zu reden. Sie hatte mitgetragen, mitgelitten, mitgebangt, weil sie wußte, er brauchte es, den Rücken frei zu haben. Sie hatte ihm Zeit gegeben von ihrer Zeit, Kraft von ihrer Kraft, und nun war sie seelisch erschöpft: «Und wer hat ein gutes Wort für mich?»

Ich sah sie lange und sinnend an, überlegte, was ich ihr sagen sollte. Vielleicht, daß diese dreißig Monate eine ganz besondere Situation darstellten, einen Ausnahmezustand? Aber stimmte das wirklich? Waren wir auf Erfolg konzentrierten Menschen letzten Endes nicht immer so? Fest davon überzeugt, unsere Meriten ganz allein dem eigenen Können und der Tatsache zu verdanken, daß nur der Tüchtige immer Glück hat?

Hätte nicht vielleicht doch jemand daran denken müssen, auch Beate Wegner danke zu sagen? Wilfried Kirsch als der Chef ihres Mannes? Oder ihr Mann selber, ganz öffentlich und damit gültig? Um deutlich zu machen, daß nicht ein einziger unserer Erfolge ohne die anderen zustande kommt? Wo sind unsere Anerkennung und unsere Dankbarkeit? Untergegangen im Glücks- und Selbstgefühl? Und wenn, dachte ich, das schon von Mensch zu Mensch nicht funktioniert, wie sieht es dann erst aus in der vertikalen Beziehung zwischen uns und Gott? Ist Gesundheit selbstverständlich? Des Nachdenkens nicht wert, daß jemand Kraft, Intelligenz und besondere Fähigkeiten hat?

Vor rund zweitausend Jahren gab es in der Weltstadt Rom viele tüchtige Unternehmer und Manager, überzeugt von sich und ihrem Können. Über sie schrieb der

Apostel Paulus: «Obwohl sie um Gott wissen, geben sie ihm nicht die Ehre, die ihm zusteht, und sie danken ihm nicht. Und so gehen ihre Gedanken in die Irre, und in ihren Herzen wird es finster. Sie bilden sich etwas ein auf ihre Klugheit, aber in Wirklichkeit werden sie zu Narren.»

Dazwischen liegen zweitausend Jahre philosophischer und psychologischer Erkenntnis. Zweitausend Jahre Managementlehre und Mitarbeiterführung. Zweitausend Jahre voller technischer Erfolge und wirtschaftlicher Siege. Aber wer von uns hat ein Wort des Dankes an Gott und ein gutes Wort für Beate Wegner?

«Obwohl sie um Gott wissen, geben sie ihm nicht die Ehre, die ihm zusteht, und sie danken ihm nicht. Und so gehen ihre Gedanken in die Irre, und in ihren Herzen wird es finster. Sie bilden sich etwas ein auf ihre Klugheit, aber in Wirklichkeit werden sie zu Narren.»

Das Ende im Griff

Der winterkalte, scharfe Wind trieb mir den Schnee mitten ins Gesicht. Ich schlug fröstelnd den Mantelkragen hoch, achtete nicht auf die weihnachtlich dekorierten Schaufenster, sondern senkte den Kopf und beeilte mich, den Eingang des kleinen Filmtheaters zu erreichen, wo man uns besonders Geladenen die Rolle mit den preisgekrönten Kino- und Fernsehspots von der Werbefilm-Biennale in Cannes vorführen wollte.

Als der Gong aufhallte und langsam das Licht ausging, lehnte ich mich entspannt im Sessel zurück, genoß die angenehme Wärme, nahm mir vor, ganz ohne alle Vorurteile mich von dem beeindrucken zu lassen, was die Juroren des Goldes, des Silbers und der Bronze für wert gefunden hatten, und mußte anerkennen: Es war zum Teil beachtlich. Produktaussagen, Demonstrationen, Kaufwunsch-Anreize in Perfektion. Gemacht mit Überzeugungskraft, Witz, brillanter Technik, souverän komprimiert auf Minuten, bei der Fernsehwerbung manchmal auf zwanzig oder dreißig Sekunden. Da waren Spitzenkönner am Werk gewesen. Zugegeben, es gab auch Produktionen dazwischen, die kamen nicht über gehobenes Mittelmaß hinaus, aber insgesamt war ich voll bejahender Hochachtung; und gerade, als wir alle bei einem ganz besonders originellen Beitrag spontan applaudierten, strahlte uns jäh die Leinwand im hellen, reinen, blendenden Weiß entgegen, das Licht im Saal ging an, und ich ahnte: Es hatte das gegeben, was heutzutage als nahezu unmöglich gilt: Der Film war gerissen.

Im Geist sah ich den Operateur in seiner Kabine eifrig hantieren: neue Leerspule einlegen, Streifen so weit vorfahren, daß die Aufwickel-Fangvorrichtung ihn neu greifen konnte, Saal abdunkeln, Projektionslampe und Vorführapparat an und weiter im Programm. Den Schaden kleben würde er später.

Ich wußte das alles so gut, weil ich vor vielen Jahren selber als Jungmanager hinter einer solchen Maschine gestanden hatte. Immer dann, wenn für neue Produkte die Kino- und Fernseh-Einführungsfilme unter strengster Geheimhaltung der obersten Geschäftsleitung präsentiert wurden, mußte einer von uns Jungen an die Apparaturen. Zweimal vereidigt und dreimal bedroht, ja absolutes Stillschweigen über das zu bewahren, was es da zu sehen gab, denn wenn jemals die Konkurrenz... Und bei einer solchen Gelegenheit passierte es: Da war für die neue Werbekampagne eine Rolle gekommen mit 10 Kinofilm-Entwürfen je vier Minuten, und als ich die Maschine anwarf, löste sich durch die Zugspannung die Klebenaht des Vorspanns, und der Film lief nicht in die Aufnehmerspule, sondern schoß hinter Bildfenster und Tonkopf aus dem Projektor auf den Fußboden und ringelte sich dort zu einem langsam emporwachsenden Gebirge.

Ich fühlte Panik. Im Zuschauerraum saßen sämtliche Vorstandsmitglieder samt Hauptaktionär, und so ließ ich den Film gewähren, denn die Wiedergabe funktionierte. Nur zu meinen Füßen entwickelte sich das Chaos. Und dann kamen die letzten Meter. Ich stand bis zu den Hüften im Gewirr der langen Zelluloidschlange, rührte mich nicht, starrte nur auf den immer kleiner werdenden Vorrat auf der oberen Trommel. Jetzt kam es nur auf eines an: Den richtigen Moment – und den Film zu erwischen, denn nur vom Ende her ließ sich das heillose Durcheinander entwirren. Und genau, als die letzten Zentimeter durch die Maschine liefen, ging die Tür zum Vorraum auf, jemand rief meinen Namen, ich sah kurz hin, und da war es zu spät: Das Ende des Streifens verschwand mit der Geschwindigkeit von 24 Bildern pro Sekunde in dem Tohuwabohu von Kurven und Schlingen.

Während ich aus dem Zuschauerraum fernen, schallgedämpften Applaus hörte, mit dem die Herren des Vorstandes den Herren der Werbeagentur und den Herren der Produktionsfirma gratulierten, verharrte ich erstarrt wie die unglückselige Frau des unglückseligen Lot mitten in der Katastrophe und wußte: Nur wer das Ende in den Griff bekommt, bleibt vor den Folgen bewahrt.

Ich lächelte, als ich mich an dieses Geschehen erinnerte, und während die prämierten Werbefilme schon längst weiter über die Leinwand huschten, fiel mir wieder ein, was mein zuständiger Bereichsdirektor damals sagte, als er für ein Dankeschön in die Vorführkabine kam und die Bescherung sah: «Mann», lachte er, «das sieht ja hier aus wie im richtigen Leben, dann mal viel Spaß.»

Ich kam ins Grübeln und rechnete: Genau 35 Jahre war das her. Längst erledigte Vergangenheit? Oder vielleicht und gerade in diesen nachdenklich machenden letzten Wochen des Dezember, unmittelbar vor dem Abschluß wieder eines Jahres, von einer ganz besonderen Aktualität?

Steht nicht, überlegte ich, jeder von uns bis zu den Hüften oder noch höher in einem Berg von begangenen Handlungen, erfahrenen Siegen, Scheinerfolgen, Niederlagen, guten Taten, Vorsätzen, Verdiensten, Versagen, Schuld und Sünde und ahnt, daß der Sinn seines Lebens nur vom Ende her zu begreifen ist? Genau wie dieses bevorstehende Weihnachten? Wir würden es wieder feiern als den Beginn der irdischen Existenz des Jesus Christus. Mit innerer Bereitschaft und allen edlen Vorsätzen und immer neu mit der Erkenntnis, daß sich fromme Gefühle nicht über dreimal vierundzwanzig Stunden durchhalten lassen. Und wir würden es wieder feiern mit allen Ritualen und aller Ratlosigkeit, denn auch dieses Fest kann nicht verstanden werden ohne Ostern. Von dorther hat es seine Bedeutung und sein Ziel.

Die Maler des Mittelalters, fiel mir ein, haben in ihren Bildern die Geburt von Jesus mit Hingabe, Innigkeit und manchmal mit einer zu Herzen gehenden Naivität gemalt, und wenn man ganz genau hinsieht, ist irgendwo, fast verborgen, schon das Kreuz enthalten, weil sie begriffen hatten: Wo Weihnachten gefeiert wird ohne den Blick auf Karfreitag und ohne das Wissen um die Auferstehung, bleibt es ein Ereignis liebevoll-sozialer Taten und guter, frommer Emotionen, und wir verstehen nicht, daß es revolutionäres Handeln Gottes mitten in dieser Welt ist und es mitten in unserem Leben sein will.

Wie viele Meter Film, grübelte ich, sind noch auf meiner Spule? Zeit, sich darauf zu konzentrieren, das Ende in den Griff zu bekommen, denn auch die Gültigkeit unseres Daseins entscheidet sich von seinem Ende her. Die Bibel sagt es so: «Sind wir mit Christus gestorben, dann werden wir auch mit ihm leben.» Das greift über unser physisches Ende hinaus in Gottes Ewigkeit.

Nur wer mit einer klaren, willentlichen Entscheidung Jesus Christus zu seinem Herrn macht, nur wer dadurch in Gottes Zugriff, in seiner Verfügbarkeit und Gnade ist, bleibt im Endgericht bewahrt.

Das Licht im Kino ging wieder an. Wir standen auf, jemand gab mir die Hand und sagte: «Gesegnete Feiertage!»

Nur wer mit einer klaren, willentlichen Entscheidung Jesus Christus zu seinem Herrn macht, nur wer dadurch in Gottes Zugriff, in seiner Verfügbarkeit und Gnade ist, bleibt im Endgericht bewahrt.

Antiquarisches

Als ich, noch im Stehen, den Wirtschaftsteil der Zeitung aufschlug, fiel mein Blick auf seinen Namen. Ich setzte mich hinter meinen Schreibtisch und las, was dort über jenen Mann stand, den ich so sehr verehrt hatte und der vor einigen Jahren ganz plötzlich gestorben war, auf der Höhe seines Schaffens und seiner Erfolge.

Es war ein guter, angemessener Artikel, in dem der Autor aus Anlaß des fünften Todestages diesen Großen unserer Wirtschaftswelt ehrte und seiner gedachte. «Er war», stand da geschrieben, «ein universaler Denker. Mit allem schien er sich intensiv befaßt zu haben, da gab es kein Gebiet, auf dem er nicht eine klare, feste, überzeugende Meinung hatte. Stets waren seine Zuhörer fasziniert von seinem Wissen und seinen Erkenntnissen, von seiner Fähigkeit, Zusammenhänge herzustellen und Entwicklungen zu begreifen. Immer sprach da einer, der Kompetenz, Durchblick und Autorität verkörperte.»

Ich ließ die Zeitung sinken und schaute sinnend zu meinem Bücherregal an der rechten Wand meines Büros. Da stand seine Biografie. Verfaßt, kurz nachdem er unter großer Anteilnahme beerdigt worden war, von einem

Journalisten, der eng mit ihm befreundet, sein Denken, Wollen und Tun genau kannte.

Ich ging hinüber, nahm das Werk in die Hand und vertiefte mich in das Lebensbild dieses tüchtigen, klugen, aufrechten, klaren Mannes, der zu seiner Zeit wahrhaft etwas zu sagen hatte und auf den man hörte. Kapitel um Kapitel blätterte ich durch, und von Seite zu Seite war ich mehr erschüttert: Überholt waren alle seine so genauen und sicheren Erkenntnisse über die wirtschaftliche und politische Situation des Sozialismus: Es gibt ihn nicht mehr. Überholt die Überlegungen zum Verhältnis zwischen Ost- und Westdeutschland: Wir sind wiedervereinigt. Überholt seine wegweisenden Voraussagen über Entwicklung des Konsum- und Wirtschaftspotentials:

Die Gegebenheiten sind heute völlig andere. Überholt die Gedanken zur Organisation von Arbeitsprozessen: Die Japaner haben mit ihrem ‹Lean-Management› neue Maßstäbe gesetzt. Und überholt war die Art und Weise, wie er diesen großen Konzern damals führte, weil inzwischen der Nachfolger seinen ganz persönlichen, eigenen Stil durchsetzt.

Ein halbes Jahrzehnt hatte ausgereicht, um große, beeindruckende Reden und Artikel eines großen, beeindruckenden Mannes zur Antiquität werden zu lassen, überholt durch die Zeit.

Nicht nur Konjunktur-, Produkt- und Technologie-Zyklen werden immer kürzer, sondern auch die Gültigkeitsdauer dessen, was wir an Erfolgen und Verdiensten aufzuweisen haben. Selbst die Erinnerung an Menschen, die uns und sich einmal unvergeßbar wichtig vorkamen, sind kurzlebig. Alles, wovon wir meinen, es sei beständige Realität: Ruhm, Beruf, Besitz, Wissen, Können, Erfahrungen, Selbstbild, gute Taten und Verdienste, alles das ist überaus vergänglich.

Was also bleibt?

Mchr als der Satz an unserem Sarg, wir hätten uns um das Unternehmen verdient gemacht?

Mehr als ein Nachruf, fünf Jahre nach unserem Tod? Geschriebenes über einen Menschen, dessen Name bei den vorwärtsdrängenden Jungen keine Resonanz mehr hat? Was also bleibt?

In den beiden Psalmen 111 und 112 setzt sich der Schreiber mit dieser Frage auseinander.

Es interessiert ihn, was Gültigkeit hat und behält.

«Die Ehrfurcht vor Gott», stellt er fest, «ist die Grundlage aller Weisheit. Wer das begreift, ist wirklich klug. Und nur wer danach handelt, dessen Ruhm bleibt. Zeitlos.»

«Du, Gott, hast die Erde gemacht, und die Himmel sind Dein Werk. Sie werden vergehen, aber Du bleibst», steht in einem anderen Psalm. Wenn das so ist, überlegte ich, dann besteht die einzig beständige Investition darin, sich einzulassen auf diesen Gott, den ewigen, großen, gewaltigen, unendlichen; begreifbar in Jesus Christus. Dann ist das die einzige Realität in unserem Leben, bei der es keine Halbwertzeiten, keine Verfallsdaten, keine Alterungs- und Makulaturprozesse gibt und kein «Überholt».

Sammelkonto

«Scheffelmeier möchte Sie sprechen», sagte meine Sekretärin, «er hat es ganz dringend gemacht, wahrscheinlich will er sich mal wieder bei Ihnen beschweren, irgendeiner tut ihm doch immer unrecht.»

«Meinen Sie?» fragte ich und sah sie über den Brillenrand hinweg an.

«Aber sicher, er hatte wieder so ein ganz verkniffenes Gesicht.»

Ich blickte kurz in meinen Terminkalender: «Um zehn Uhr fünfundvierzig für maximal fünfzehn Minuten. Sagen Sie ihm das bitte genau so. O.K.?»

Er war pünktlich, und tatsächlich, an seiner Miene erkannte ich sofort, daß meine Sekretärin recht hatte; irgendeiner war ihm wieder auf die Füße und den Nerv getreten, und nun würde er das gleiche mit mir tun.

«Schießen Sie los», sagte ich, während wir uns die Hand gaben. Er holte tief Luft, und während er sich setzte, quetschte er heraus: «Ich möchte mich sehr entschieden und ganz offiziell über meinen Kollegen Schmal beschweren. So geht es nicht weiter.

Da waren heute morgen die Herren von der MFG bei uns, und ich erfahre nichts davon.»

«Richtig», sagte ich, «die waren hier, um mit der Finanzleitung ganz vertraulich über einen Kredit zu reden, weil sie vergrößern wollen. Aber das hat mit dem laufenden Geschäft und Ihrem Ressort nichts zu tun, und deshalb hat Schmal Sie auch nicht informiert.»

«Warum die hier waren, interessiert mich nicht», sagte Scheffelmeier, und seine Stimme wurde erregt und um ein paar Phon lauter, «mich interessiert nur, daß sie hier waren. Ich fühle mich einfach übergangen, und ich möchte Sie dringend bitten, das dem Herrn Schmal ein für allemal klarzumachen.»

«Mann, Erich Scheffelmeier, sparen Sie sich Ihren Zorn auf für Situationen, die es wirklich wert sind», versuchte ich ihn zu beruhigen, aber es passierte genau das Gegenteil: Als habe einer das Wehr eines gestauten Bachs hochgezogen, fing er an aufzuzählen, wann, wo und wie ihm wer in den vergangenen Jahren unrecht getan hatte, und ich bewunderte sein Gedächtnis, das offensichtlich präzise, lückenlos und vernichtend funktionierte. Auch ich bekam meinen Teil ab, und als ich sein verkrampftes, beleidigtes Gesicht aufmerksam betrachtete, wurde mir klar, warum in der Bibel die Aufforderung steht: «Laßt die Sonne nicht über eurem Zorn untergehen.»

Nicht den Ärger hat Gott verboten, wohl aber, ihn festzuhalten, wie hier mit der akribischen Genauigkeit eines Urkundsbeamten.

Letzte Woche hatte ich meine Garage neu gestrichen, mit Dispersionsfarbe. Sie besitzt eine besondere Eigenschaft: Solange sie noch flüssig ist, kann man sie mit Wasser verdünnen, aber getrocknet wird sie wisch- und abriebfest, immun gegen Regen und Wolkenbruch.

So ist es wohl auch mit unserem Ärger. Nehmen wir ihn mit in die Nacht, in den nächsten Tag, ins Bewußtsein und in die Erinnerung hinein, dann härtet er aus und wird resistent. Und wir selber härten mit ihm. Die Freude des Herzens bleibt auf der Strecke. Die Fähigkeit, anderen Menschen fröhlich, offen und unbefangen gegenüberzutreten, weicht dem abschätzigen Mißtrauen und, kaum daß wir es im Anfang bemerken, verlernen wir es, Gott dankbar zu sein für jeden neuen Tag, für seine Liebe und Geduld, für die sympathischen und die unbequemen Menschen.

Wie könnte ich, dachte ich nach, Scheffelmeier helfen? Ihm klar machen, warum es im Vaterunser ausdrücklich heißt: «Gott, vergib uns unsere Schuld, wie auch wir vergeben unseren Schuldigern», und warum das so wichtig ist? Wie kommt man aus einer solchen Haltung heraus, aus dem krankhaften Inventarisieren von Vorwürfen, diesen erbärmlichen Aktiva, die Menschen wie Scheffelmeier niemals abschreiben, sondern sie als hundertprozentige Erinnerungsposten mitschleppen? Was könnte ich ihm sagen, überlegte ich, etwas Deutliches?

Da steht im Jakobus-Brief des Neuen Testaments ein Satz, eckig und fest wie ein Granitblock:

«Leidet einer unter euch, der bete.» Punkt. Nichts von Märschen durch das verletzte Gemüt, nichts von Appellen an die Solidarität und das Mitleid der Kollegen, Nachbarn und Freunde, nichts von Klage und Anklage.

Ganz einfach: «Leidet einer unter euch, der bete.»

Und plötzlich ertappte ich mich, wie ich das ganz laut sagte. Aber ich brauchte weder rot noch verlegen zu werden, Scheffelmeier hatte spontan mein Büro verlassen. Sind Sie noch da?

«Laßt die Sonne nicht über eurem Zorn untergehen.
Nicht den Ärger hat Gott verboten, wohl aber, ihn festzuhalten, wie hier mit der akribischen Genauigkeit eines Urkundsbeamten.»

Danksagung

«Wo ist unser Seminar mit Dr. Ackermann vom Trainingsinstitut MT?» fragte ich die adrette Dame an der Hotel-Rezeption, und sie erklärte mir freundlich den Weg.

Ich ging den langen Korridor hinunter, las die polierten Messingnamen an den verschiedenen Konferenzräumen, stoppte bei dem Schild "Freiburg", öffnete leise, aber mit dem nötigen demonstrativen Schwung die Tür, nickte dem Redner zu, sah aufmerksam in die Runde, erspähte einen freien Platz und setzte mich.

Zwölf Teilnehmer waren da, also alle, die wir zu diesem speziellen Training eingeladen hatten mit dem Ziel, bei ihnen mehr Kommunikationsfähigkeit zu entwickeln.

«Wir sind uns darüber klar», hatte ich dem Leiter des Institutes gesagt, «daß der Dialog zwischen uns und unseren Mitarbeitern, zwischen den Mitarbeitern und unseren Kunden und den Kunden und uns in der Zentrale das Allerwichtigste überhaupt ist. Aber genauso entscheidend muß sein, wie wir kommunizieren, über welchen Kanal, auf welcher Ebene, in welcher Weise. Möglichst unverkrampft, ehrlich, offen, natürlich.»

«Da sind wir genau die Richtigen», hatte er mir geantwortet. «Ich schicke Ihnen den Dr. Ackermann, der ist auf diesem Sektor ein As.»

Und nun hörte ich ihm zu. Als Zaungast, der einfach einmal hereinschaute, um einen Eindruck zu bekommen, was da vermittelt würde, denn schließlich waren das meine Leute, die um den runden Tisch saßen. Sie waren schon bei der dritten oder vierten Lektion, und ich mußte viel kombinieren, um den Faden aufzunehmen.

Was Ackermann sagte, hatte Hand und Fuß. «Ohne Dialog», erklärte er, «stirbt unweigerlich jede Beziehung.»

Richtig, dachte ich, weil ich es oft genug selbst erlebt hatte.

«Aber», fuhr er fort, «es geht hier nicht allein um den Dialog mit den anderen als Geschäftspartner, Lieferanten, Abnehmer, Mitarbeiter, Kollegen, sondern es geht auch um den Dialog mit uns selber, weil hier die stärksten Möglichkeiten für Eigenmotivation liegen. Lassen Sie mich das daran deutlich machen, wie ich es persönlich halte: Jeden Abend, wenn ich im Bett liege, gehe ich den ganzen Tag noch einmal durch. Alle Situationen, Geschehen, Entscheidungen. Meine Auftritte, was ich gesagt und gedacht habe, das alles bewerte ich ganz objektiv.»

Gut, dachte ich, da schafft einer Ansatzpunkte für Nachdenklichkeit und Selbsterkenntnis.

«Und dann», formulierte Dr. Ackermann weiter, »fange ich an zu danken.»

Ist der Christ? schoß es mir durch den Kopf. Hat hier tatsächlich einer den Mut, deutlich zu machen, von wem wir letzten Endes unsere Tüchtigkeit, unsere Eigenschaften und Fähigkeiten haben?

«Wenn ich», sagte er, «gut und positiv gehandelt oder reagiert habe, dann lobe ich mich selber und sage: Ich danke mir dafür, daß ich mich heute beherrscht habe, als mein Kollege Ottermeier so aggressiv wurde. Ich danke mir, daß ich die kluge Entscheidung getroffen habe, die Werbekampagne zu verlängern. Ich danke mir, daß ich meinem Instinkt gefolgt bin und Meier den Kredit nicht gegeben habe. Das alles habe ich heute gemacht! Auf diese Weise verstärkt sich unser positives Verhalten, und wir werden immer besser.»

Ich ließ den Bleistift, mit dem ich mir Notizen gemacht hatte, aus der Hand fallen und gab mich meiner Verblüffung hin: Da betete einer abends in seinem Bett zu sich selber. Aber, überlegte ich nüchtern, ganz objektiv gesehen: Formulierte dieser Mensch nicht letzten Endes genau das, was jeder von uns tagtäglich praktiziert?

Die Erfolge schreiben wir uns selber zu, unserer Besonnenheit, Intelligenz, der virtuos angewendeten Erfahrung und unserem Können. Mißerfolge aber sind die unverschuldeten Resultate von Verhältnissen und nicht beeinflußbaren Umständen.

Ist nicht der Stolz, den wir alle empfinden, wenn uns etwas besonders gut glückt, ist nicht das Hochgefühl nach einem Sieg auch so eine Art nonverbales stolzes Dankeschön, oft genug mit begründbaren Tendenzen zum Eigenlob?

Vielleicht war Ackermann nur konsequenter und ehrlicher als wir anderen, indem er seine Danksagungen an den richtete, der die Regentschaft hatte in seinem Leben? Nämlich an sich selber.

Wo führt denn heutzutage noch einer Dialoge mit Gott? Redet mit ihm, indem er die Hände faltet, und läßt ihn zu Wort kommen in der Stille durch die Bibel?

Was hatte Dr. Ackermann kurz vorher postuliert? «Ohne Dialog stirbt unweigerlich jede Beziehung.» Nur horizontal? Oder womöglich auch vertikal?

«Rufe mich an in der Not, so will ich dich erretten», sagt Gott, adressiert an uns.

Das geht online, ohne Hard- und Software, von jedem Ort, aus jeder Situation, völlig gebührenfrei, und der Anschluß ist nie besetzt.

Ruf doch mal an!

«Die Erfolge schreiben wir uns selber zu, unserer Besonnenheit, Intelligenz, der virtuos angewendeten Erfahrung und unserem Können. Mißerfolge aber sind die unverschuldeten Resultate von Verhältnissen und nicht beeinflußbaren Umständen.»

Ordnung muß sein

«Gut», sagte ich zu Kurt Rebenhauser und nahm aus dem Sideboard neben dem Schreibtisch einen meiner grünen Aktionspläne, «ich sorge dafür, daß diese Überlegungen, die da in Brüssel laufen, zur Verbandssache gemacht werden. Wichtig genug ist es ja.»

Während ich eine entsprechende Notiz machte, sah Rebenhauser interessiert zu und fragte: «Was ist das für ein Formular, das Sie da verwenden?»

«Damit arbeite ich schon seit über dreißig Jahren, mein damaliger Chef hatte es für sich entwickelt und uns jungen Kerlen weiterempfohlen», sagte ich und drehte das Blatt um 180 Grad, damit er es besser in Augenschein nehmen konnte.

«Sehen Sie, hier oben in das große Feld wird die erforderliche Aktivität eingetragen. Das kann ein Projekt, ein einzelner Nachdenkpunkt, ein offenes Problem, die Vorbereitung auf eine Sitzung, auf ein Gespräch oder eine Reise sein.

Darunter sind einzelne Zeilen für die Teilschritte. Oder auch für Informationsquellen, für Lösungsansätze und was sonst noch.

In die rechte äußere Spalte kommt das Datum, wann jeder einzelne Punkt erledigt wurde, und ganz oben, als Kopfleiste, sind zehn Felder für Wiedervorlage-Termine.

Auf diese Weise werden Aufgaben nicht verschleppt, sondern sie bleiben in der Mache.

Die Bearbeitungsgeschwindigkeit bestimmen Sie selber, je nach Dringlichkeit und Bedeutung, indem Sie die Wiedervorlage-Frequenz enger oder weiter festsetzen. Auf diese Weise werden weder Vorhaben verschleppt noch gehen sie in unserem Kopf oder irgendwelchen Schubladen verloren.»

«Das ist gut», sagte Kurt Rebenhauser, «schenken Sie mir ein Blankoblatt? Freundlicherweise zugleich mit der gültigen Genehmigung der besitzergreifenden Adaption?»

«Genehmigt», sagte ich und schob ihm eines über den Tisch.

Als er gegangen war, dachte ich zurück an den Schöpfer dieser so praktischen, grünen Formulare. Jenen Mann, mit dem ich damals zusammengearbeitet und von dem ich so viel gelernt hatte, was Ordnung, Systematik, Planung, Logik und Konsequenz betrifft. Nie wieder war ich so durchdachten Organisationsstrukturen, Produktionsabläufen und Konzeptionen begegnet, wie bei ihm. «Mein Lieber», hatte er mir eines Abends gesagt, als wir noch spät in seinem Büro über einem Problem zusammensaßen, «mein Lieber, klare Planungen und Ordnungen sind lebenswichtig. Nicht nur für eine Firma, sondern auch für uns Menschen ganz privat.

Wir dürfen nichts dem Zufall überlassen, alles muß

systematisch vom Endziel her durchdacht und angegangen sein.»

«Und das behält dann logischerweise auch in der Frage nach dem Sinn und der Zielsetzung unseres Lebens seine Gültigkeit?» wollte ich brennend interessiert von ihm wissen, aber er gab mir seltsamerweise keine Antwort, sondern wechselte das Thema.

Ein paar Jahre später wurde er krank und starb. Wir trugen ihn zu Grabe. Er hatte an alles gedacht, für alles gesorgt:

Ein Testament, in dem nichts vergessen war. Eine klare Nachfolgeregelung innerhalb seines Unternehmens mit genau definierten Funktionen und Kompetenzen. Er hinterließ eine Akte mit Notizen über den Stand aller wichtigen Vorhaben, und sogar den Ablauf und die Ausgestaltung seines Begräbnisses hatte er festgelegt. Auf seine Weise war er unfehlbar gewesen, bis auf einen Punkt: die ungelöste Frage nach Gott. Es war beim Themenwechsel geblieben. Offenbar hatte dieser Jesus Christus auf keinem seiner Aktions- und Arbeitspläne und auf keiner Projektliste gestanden. Ein geordneter Tod auf eine ungeordnete Zukunft hin?

«Habt ihr ein so erstarrtes Herz in euch? Ihr besitzt Augen und seht nicht. Ihr habt Ohren und hört nicht. Und ihr denkt nicht», steht im Markusevangelium. Gesagt von Christus, gerichtet an seine engsten Mitarbeiter, die Jünger.

Seltsam: In den Dingen unseres Geschäftslebens sind wir hellwach, realistisch und gewissenhaft denkend. Und sonst?

Mir fiel ein, was neulich einer unserer Techniker bei einer Sitzung gesagt hatte:

«Eine Zahl mag noch so groß sein, multipliziert mit Null ist das Ergebnis immer Null.»

Wenn das in Gottes Mathematik auch gilt...

«Klare Planungen und Ordnungen sind lebenswichtig. Nicht nur für eine Firma, sondern auch für uns Menschen ganz privat.»

Unstrukturierte Situation

Gerade eben in diesem Moment hat sich die Zimmertür mit einem leisen Klicken hinter meiner Enkeltochter Sara geschlossen, und ich höre noch ihre kleinen energischen Tappelschritte draußen auf dem Flur des Krankenhauses. Sie hat mich besucht mit Mama und Oma.

Von meinem Bett aus schaue ich hinüber zum Besuchersessel mit der hohen, steilen Lehne.

Da sitzt er mit seinen 82 Zentimetern Länge. In der gegenwärtig eingenommenen Haltung allerdings um ein paar Prozent kleiner wirkend: Georg der Teddybär.

Sara hat ihn mitgebracht. Zuerst konnte ich nicht identifizieren, was sich in dem großen Plastikbeutel befand, den sie mühsam hereinschleppte. Nur zwei dunkle Fußsohlen schauten heraus, aber als sie dem kopfüber Transportierten die Tüte über die Ohren zog, war alles klar.

«Opa», sagte sie energisch mit ihrer hellen Stimme, «der Teddybär hat ein Aua», und auch mein besorgter Hinweis, daß dieses hier ein Zimmer mit Chefarztbehandlung und der Heilungsprozeß entsprechend teuer sei, machte keinerlei Eindruck auf sie. Mit der Bestimmtheit ihrer zweieinhalb Jahre bestand sie auf seinem Bleiben bis zur völligen Genesung.

Und nun hockt er da, seine bernsteinfarbenen Augen direkt auf mich gerichtet. Sie haben einen fast belustigten Ausdruck, als wollte er mich fragen: Wie wird nun eigentlich der ansonsten akzeptierte und respektierte Manager Karlheinz Binder allen noch kommenden Besuchern meine Anwesenheit erklären? Wie die sicherlich unausgesprochen bleibende, aber ganz massiv vorhandene Frage beantworten, ob mit einem erwachsenen Mann, der einen Teddybären bei sich im Krankenhaus hat, eigentlich noch alles stimmt? Oder hat man diesen Menschen vielleicht nur aus Raumnot bei der Psychiatrischen vorübergehend in die Chirurgie gelegt?

Jetzt bist du, überlege ich lächelnd, in einer Lage, für die du im gesamten Repertoire deiner Erfahrungen keine Verhaltensvorlage hast. Es handelt sich, wie die Fachleute zu sagen pflegen, um eine unstrukturierte Situation, und in keinem einzigen Manager-Seminar hat man mir jemals beigebracht, wie man ganz speziell in einen solchen Konflikt klein reingeht und groß rauskommt. Auch Wissenschaften und ihre Erkenntnisse sind nicht lückenlos.

Was also, frage ich mich, ist hier zu tun? Welche Handlungs-Alternativen stehen überhaupt zur Auswahl?

Vielleicht jedem, der reinkommt, erklären, wieso Georg dort sitzt, und daß er mir im Prinzip zwar gehört, aber nicht ich, sondern Sara, wissen Sie, mein Enkelkind, und die ist noch nicht einmal drei...

Ich ahne, meine Glaubhaftigkeit würde sich im Labyrinth eines solchen Satzes verlieren.

Also besser schweigen? Keine Statements, keine Proklamationen? Einfach bereit sein, die Schande eines durchaus drohenden und andauernden Imageschadens heldenhaft zu ertragen?

Oder dritte Möglichkeit? Die Unschuld: «Ich kenne diesen Burschen da überhaupt nicht. Wahrscheinlich heimlich ausgesetztes Findelkind, direkt vor meiner Tür. Mitleidsakt.»

Nein, geht nicht. Verworfen wegen Unehrlichkeit.

Und mit jedem neuen Gedanken steigt mehr und mehr ein Lachen in mir auf. Über Sara, über Georg, über meine Lage und mich selbst.

Was seit Jahren keinem meiner Mitarbeiter und keinem der noch so zähen Verhandlungspartner gelungen ist: In mir das beklemmende Gefühl auszulösen, mich entschuldigend verantworten zu müssen – ein kleines Mädchen und ein ausgestopfter Teddybär haben es geschafft.

Doch, einmal, fällt mir ein, hat es eine Situation gegeben, ähnlich, nur viel ernster, zwingender, zentral und grundsätzlich. Auf einem Seminar-Wochenende des Nachdenkens über mein Verhältnis zu Gott war ich, damals 47 Jahre alt, Christ geworden. Bis dahin nannte ich mich nur so.

Und am Sonntagabend, kurz vor der Heimfahrt, stand ich unvermittelt und fast bestürzt vor der Frage: Wie wirst du dich morgen verhalten? Gegenüber den Bekannten, Mitarbeitern, Kollegen, Geschäftsfreunden, dem Boß? Morgen, wenn dich der ganz normale Alltag wieder hat?

Wie geht man um mit einem Leben, das plötzlich veränderte Inhalte, Prioritäten und Zugehörigkeitsverhältnisse hat?

Abwarten, ob die anderen etwas merken und wie sie darauf reagieren? Vielleicht mich genauso verhalten, wie es bisher die meisten getan hatten, als ich sie auf ihre Einstellung zum christlichen Glauben ansprach: «Ich finde, Glaube in der heutigen Zeit ist etwas überaus Wichtiges, aber das schließt keineswegs aus, daß ich mich kritisch mit dem Christentum auseinandersetze oder alles glaube, was in der Bibel steht.» Also was denn nun? Fisch oder Fleisch, heiß oder kalt?

Eventuell weiterleben wie bisher? Als sei nichts geschehen? Und wie steht es dann mit diesem Wort, das Christus zu seinen Jüngern gesagt hat, mitten hinein in ihre Unentschlossenheit?: «Wer sich vor den Menschen zu mir bekennt, zu dem werde auch ich mich am Gerichtstag bekennen vor meinem Vater im Himmel. Wer seine Beziehung zu mir aber vor den Menschen verschweigt und damit tut, als kenne er mich nicht, den werde auch ich am Gerichtstag vor meinem Vater im Himmel nicht kennen.»

Ich schaue wieder hinüber zum Teddybär, der da mit unschuldiger Miene sitzt, und ich weiß: Es gibt Geschehen, unstrukturierte Situationen, die Mut und Wahrhaftigkeit auf den Prüfstand stellen und uns damit zum Problem werden. Meines heute heißt Georg.

Und Ihres?

Gleich dreifach

«Wir müssen», sagte ich in der Konferenz zum Chef, «wir müssen unbedingt den Vertrag mit Burgbauer & Co. neu verhandeln. Seit zehn Jahren besteht er jetzt unverändert mit dieser problematischen Preisgleitklausel. Der Einkauf bei ihm wird immer teurer und unsere Kalkulationsspanne schmaler.»

«Können wir das nicht an die Kunden weitergeben?», fragte der Chef.

Ich schüttelte den Kopf. «Das gibt der Markt nicht her. Ich weiß, daß Ihre beiden Familien miteinander befreundet sind, und ich weiß auch, daß damals Ihr Vater und Burgbauer Senior die Bedingungen miteinander ausgehandelt haben, aber es hilft nichts, wir müssen ran!»

Der Boß nickte mit dem Kopf, zeigte mit dem Stiel seiner Pfeife haarscharf auf meine Brust: «Also gut, aber das machen Sie bitte. Mich lassen Sie draußen aus der Sache, ist das klar?»

Vor der Tür sah mich mein Kollege Weber mitleidig an: «Da hast du dir was Schönes eingehandelt. Der junge Burgbauer ist genauso ein zäher Bursche wie sein Alter. Viel Glück und toi, toi, toi.»

Obwohl ich wußte, Weber meinte das gut, ging es mir wie ein Stich mitten durchs Gemüt. Ahnte er eigentlich, was er mir da eben gewünscht hatte? Daß das im Klartext «in drei Teufels Namen» hieß? Das Gegenstück des Hasses zum Segensspruch: «Im Namen des Vaters und des Sohnes und des Heiligen Geistes»?

Unser Wunsch, alles möge bestens gehen, findet seltsame Ausdrucksformen. Wir klopfen auf Holz, spucken uns gegenseitig aufs Revers, verankern unsere Hoffnung und unsere Zuversicht am zufälligen Schornsteinfeger, dem so selten gewordenen Hufeisen, am vierblättrigen Kleeblatt, aus dem sich ganze Spezial-Gartenbaubetriebe entwickelt haben.

Wir achten genau darauf, ob die schwarze Katze vor unserem Kühler nun von rechts oder von links kam, und auch kritische, rational denkende, nüchtern handelnde Manager sind nicht frei davon. Sie hören auf Gesagtes und Geschriebenes von Gurus, die ihnen geheimnisvoll erklären, es komme nur darauf an, die positiven Kraftströme des Universums in Kopf und Gefühl wirksam werden zu lassen und sie dort hinzulenken, wo positive Veränderung geschehen soll. Dabei bemerken diese Gutgläubigen noch nicht einmal, daß beim großen Meister selber der Kraftstrom gezielt auf die Kasse gerichtet ist.

Es scheint: Je nüchterner und technischer unser Leben wird, je weniger gelebter, christlicher Glaube noch eine Rolle spielt, um so mehr breitet sich Aberglaube aus, weil der Mensch ohne eine religiöse Rückbindung nicht sein kann.

Je mehr eine liberale Gesellschaft Gott als mittelalterlich überholt erklärt, um so mehr revanchiert sich das Mittelalter und bietet als Gegenleistung Okkultismus, schwarze Magie und seltsame Kulte an.

«Die umherstreunenden religiösen Gefühle bekommen neue Nahrung», schrieb Michael Fritzen, indem er eine Aussage des Religionssoziologen Peter L. Berger zitierte, «die geheimen Zukunftsängste werden beschwichtigt durch Zukunftsvergewisserung, Beschwörungsformeln und Rituale, denn niemand will prinzipiell trostlos leben. Und doch kann man zugleich ein moderner Mensch sein, der jeden Gottesglauben nachsichtig lächelnd von sich weist, denn ‹das Übernatürliche im Keller verträgt sich gut mit dem Rationalismus in der Belétage›.»

Das hat er gut formuliert. Und zeitnah.

Ich war, fiel mir wieder ein, früher selber einmal bei einem Unternehmen und konnte dort nicht begreifen, warum der Inhaber Konferenzen, Besprechungen und Geschäftsbesuchen oft fernblieb, ohne Entschuldigung, ohne Begründung. Bis ich herausbekam: Er hatte einen Hausastrologen, der ihm und der Firma für jeden Tag das Horoskop stellte, und wenn die Konstellation der Gestirne nicht günstig erschien, blieb der Chef einfach zu Hause und verkroch sich dort.

Das ist kein Einzelfall. Es gibt große, weit bekannte Firmen mit prominenten Namensträgern an der Spitze, die erhebliche Summen für die Information zahlen , welcher Planet nun mit welchem anderen an diesem Tag konjugiert und was das für Folgen haben wird. Firmen-Kosmogramme nennt man das, Preis: Verhandlungssache.

Vor einigen Jahren hat ein französischer Verleger die «Prophezeiungen des Nostradamus» neu aufgelegt und mit einem Verkauf von rund dreißigtausend Exemplaren gerechnet. Aber allein innerhalb der ersten 12 Monate hat er über eine halbe Million davon abgesetzt. Erworben von

Menschen, die Gewißheit über ihre Zukunft suchen, nach einem Halt im Leben, nach Sinn.

«Mein Volk», sagt Gott zu seinem Propheten Jeremia, «mein Volk begeht eine zweifache Sünde: mich, die lebendige Quelle, verlassen sie und machen sich Zisternen, die rissig sind und kein Wasser geben.»

Fällt es uns wirklich so schwer, einem anderen Menschen, dem wir Gutes wollen, ganz einfach und von Herzen zu wünschen: «Gott segne dich?»

Übrigens: Wann haben Sie das zum letzten Mal Ihrer Frau, Ihrer Tochter, Ihrem Sohn gesagt?

Fällt es uns wirklich so schwer, einem anderen Menschen, dem wir Gutes wollen, ganz einfach und von Herzen zu wünschen: «Gott segne dich?»

Zweifache Sicht

Er sah sehr viel blasser aus als sonst, aber der wochenlange Aufenthalt im Krankenhaus und das Verbot der Ärzte, sich nach seinem schweren Herzinfarkt der direkten Sonne auszusetzen, hatten die bei ihm obligatorische Bräune fast gelöscht.

Daß Karl Wegener überhaupt noch lebte, war ein Wunder. So hatten jedenfalls wir Freunde und Berufskollegen es empfunden und auch die Fachleute im Hospital.

Getroffen hatte es ihn auf einer Tagung, als er nach dem Frühstück mit anderen Teilnehmern vor dem Fahrstuhl stand und hinauf wollte in die Konferenzräume.

Ganz plötzlich war er umgefallen, mitten im fröhlichen Gespräch, und dann passierte das, was ein Augenzeuge als die Verkettung glücklicher Zufälle bezeichnete: Im gleichen Augenblick, als Karl Wegener auf den Boden schlug, ging die Tür des Lifts auf, und in ihm befand sich ein Mediziner, der auf den ersten Blick sah, was da los war. Der Mann an der Rezeption hatte quer durch die Halle das Geschehen beobachtet, und noch ehe die anderen sich faßten, hatte er schon den Notarzt angerufen, und der befand sich mit seinem Spezialfahrzeug gerade ganz in der Nähe auf der Rückkehr von einem anderen Notfall. Sie schafften die Strecke in die Klinik in kaum erklärlichen vier Minuten, mitten in der morgendlichen Rush-hour.

Es war, wenn man alle Einzelheiten in Betracht zieht, das absolut synchrone Ineinandergreifen von rettenden Umständen. Mehr als eine Folge von Zufällen?

Im Grunde hatten einige von uns diesen Zusammenbruch schon lange kommen sehen, wenn auch nicht gleich in so gravierender Weise mit Infarkt und, wie wir später hörten, Herzstillstand.

Karl Wegener hatte sich nie geschont. Besonders aber nicht in den letzten Jahren. Durch seine Unermüdlichkeit und den rigorosen Einsatz aller Kräfte nahm seine Firma einen rasanten Aufstieg. Die Zahl der Kunden schnellte empor, mit ihr Umsätze und Gewinne. Wegener hätte sich mit seinen sechzig Jahren und allen Erfolgen hochgelobt und hochverehrt zurückziehen können, sein Unternehmen in die Hand des Sohnes legen, anstatt immer wieder und immer mehr im Grenzbereich seiner physischen und seiner psychischen Leistungsfähigkeit zu leben. Es war alles erreicht, was man sich so gemeinhin vornimmt, nur eines konnte er nicht: Loslassen. Im Gegenteil, seit einigen Wochen war er mitten in den Planungen für eine Riesen-Investition, die ihm ganz neue Märkte aufschließen sollte. Frau und Sohn beschworen ihn, dieses Projekt nicht auch noch anzupacken, weil sie deutlich sahen, daß alles zusammen über seine Kräfte ging. Aber er war nicht zur Vernunft zu bringen. Und jetzt lag er hingestreckt, gewaltsam aus dem Verkehr gezogen, zur Ruhe gezwungen.

Hatte sein Körper die Notbremse gezogen? Mußte Karl Wegener dieses ganze Geschehen als eine ernste Mahnung, eine energische Warnung und als Anlaß zur Lebensveränderung betrachten?

Als ich ihn nach seiner Gesundung besuchte, sprach ich mit ihm darüber. Ich wußte, er glaubte an Gott. So wie die meisten, in dieser freundlichen, vertrauenden Art, der die letzte, entscheidende Verbindlichkeit fehlt.

Sollte, könnte, müßte nicht sein Davonkommen, minutiös bewirkt von einer unsichtbaren Regie, Anlaß sein, so eine Art Dankadresse gen Himmel zu schicken? Einstellungen, Prioritäten, Verhältnisse auf den Prüfstand zu bringen? Sich mit der so handgreiflich gewordenen Tatsache zu befassen, daß sein Atem irgendwann ein Ende haben würde? Auch das sagte ich ihm.

Er sah mich lange und nachdenklich an, und dann gab er mir eine Antwort.

«Ich sehe», formulierte er überlegend, «ich sehe, besonders jetzt, wo es mir wieder prächtig geht, die Sache anders: Ich bin fest davon überzeugt, daß Gott dieses Wunder getan hat, damit ich mein Lebenswerk fortsetze. Es ist für mich so eine Art Bestätigung, mit allen meinen Vorhaben auf dem richtigen Weg zu sein.»

Was schrieb Johann Heermann, der Liedermacher, im Jahr 1630? «Hilf, o Herr Jesu, hilf du mir, daß ich noch heute komm zu dir und Buße tu den Augenblick, eh mich der schnelle Tod hinrück, auf daß ich heut und jederzeit zu meiner Heimfahrt sei bereit.»

Aber es gibt Menschen wie Karl Wegener, die sind so unheilbar von ihrem Tun und ihrer Person überzeugt, daß selbst Wunder nichts ausrichten.

Sind Sie zufällig mit ihm verwandt?

Ende einer Dienstfahrt

Ich schaltete Scheinwerfer und Scheibenwischer aus, drehte den Zündschlüssel und lehnte mich aufatmend zurück.

Drei harte Tage und dreihundert Kilometer Nachtfahrt bei strömendem Regen lagen hinter mir.

Meine Frau hatte mich gehört. Aus dem Lichtkegel der Haustürleuchte kam sie im Schutz des vorsorglich mitgebrachten Schirmes zu mir herüber. Ich stieg langsam aus, nahm sie in die Arme, und unter dem Trommeln der Tropfen auf dem ausgespannten Stoffdach dachte ich: Es tut gut, wieder nach Hause zu kommen. Warum wird mir das nicht auch an ganz normalen Tagen bewußt? Ist dazu erst eine solche Reise nötig? Seltsam, daß man nicht immer wieder voller Dank dafür ist, sondern es nur dann so deutlich empfindet, wenn man eine Zeitlang weg war.

Als ich im Bett lag, konnte ich trotz aller Müdigkeit und Erschöpfung nicht schlafen. Noch immer waren meine Nerven auf die Regenschleier und die nasse Fahrbahn programmiert, noch immer gingen mir die Diskussionen, Gedanken und

Beschlüsse der letzten Tage durch den Kopf, das innere Schwungrad wollte nicht zum Stillstand kommen. Ich wünschte mir, auch in solchen Situationen könnte ich ganz einfach den Zündschlüssel herumdrehen und die Stille wäre auf einmal da.

Oft, wenn ich abends ausgelaugt nach Hause kam, war es mir so gegangen, und ruhelos hatte ich mich im Zurückdenken gefragt, was ich denn an diesem arbeitsreichen Tag nun wirklich Wichtiges, Wesentliches, Bleibendes getan und bewegt hatte, und die Bilanz fiel so manches Mal schlecht aus. Ich kam mir vor wie der Hamster meines damals noch kleinen Sohnes: Unermüdlich im Laufrad rennend, meinend, er hätte wer weiß was geschafft, nur von der Stelle war er nicht gekommen.

Es war mein großes Problem. Gestreßt und nervös wußte ich, daß ich eigentlich in die kontemplative Stille gehen müßte. Aber genau in solchen Situationen ist es kaum möglich, weil wir vor lauter Angespanntsein keine Ruhe finden.

Ich hetzte beim Arbeiten, beim Essen, ich hetzte beim Lesen, und so geriet alles zur Hektik mit der Folge: Wenn jemand kam und mich unterbrach, wurde ich ungehalten und überlegte im Geheimen, was ich alles hätte schaffen können, genau und gerade in der Zeit, die der andere mir eben wegnahm, und er spürte meine negativen Gedanken.

Was hatte neulich ein guter Freund ehrlich und besorgt zu mir gesagt: «Karlheinz Binder, du brauchst Erlösung von dir selbst, von deinen Erwartungen, von deinen falschen Prioritäten, von deiner Atemlosigkeit, von deinem Ego-Drive, der dich nicht zur Ruhe kommen läßt.»

Stefan Skirl, erfolgreicher Buchautor und Psychologe, hat

sich intensiv mit dieser Frage befaßt und festgestellt, daß sich viele Manager in ihrem Versuch, inneren Frieden zu finden, völlig falsch verhalten. Sie rennen morgens durch den Wald, essen Margarine statt Butter und versuchen so, über eine bessere körperliche Kondition eine bessere seelische Disposition zu bekommen, denn in einem gesunden Körper, da muß auch ein gesunder Geist wohnen, und ein gesunder Geist macht eine gesunde Seele, oder?

Nur bei wenigen wächst die Einsicht, daß man das Problem dort angehen muß, wo es entsteht: Im gottleer gewordenen Raum der Sinnfrage unseres Lebens, eines Daseins, das seinen Halt in der Selbstbestätigung, dem Erfolg und in der Reputation findet.

Einer, der permanent unter Dampf steht, der keine Pausen und keine Muße hat – unfähig dazu geworden –, der gleicht, wie jemand gesagt hat, einem Mann, der sein Auto nachts mit laufendem Motor in die Garage stellt und sich irgendwann über den Kraftstoffverbrauch und den Verschleiß wundert.

Da berichtete die «Süddeutsche Zeitung» über ein Angebot von «Faulenzer-Seminaren», wo man endlich wieder lernen soll, einfach nichts zu tun, und das kostet dann auch noch eine Menge Geld: Dreitausendfünfhundert Mark für zwei Tage!

In den Volkshochschulen gibt es ein großes Angebot an Techniken und Methoden, wie Menschen zur Ruhe und zur Stille kommen: Entspannungsübungen, Yoga, Autogenes Training, Meditation. Aber was sie erzeugen, ist Ruhe anderer Art als die, von der zum Beispiel die Bibel spricht.

Ruhe im biblischen Sinn ist immer mit innerem Frieden verbunden, und innerer Frieden heißt Frieden mit Gott.

In einer Zeit der immer hektischer ablaufenden Wandlungen ist und bleibt Gott der Ewige, Treue, Beständige, Unwandelbare.

An die Ruhe- und Rastlosen, an die mit den verschobenen und deformierten Lebensinhalten, an die mit dem verlorengegangenen Sinnhorizont, ersetzt durch materielle Ziele, schreibt der Prophet Micha besorgt und ohne Beschönigungen: «Du wirst essen und doch nicht satt werden. Und was du an Vorräten und Sicherheiten schaffst, kann dich im Letzten nicht retten, denn du hast dich nach den Handlungsweisen und dem Denken derer gerichtet, die nichts von mir, deinem Schöpfer und Gott, wissen, darum wird alles, was du tust, ohne Frucht und ohne Gültigkeit bleiben.»

Deshalb ist Stille so notwendig. Deshalb ist Nachdenken so wichtig, Besinnung über die Art und Weise, wie wir leben und was wir mit der Frage nach Christus anfangen.

Glauben wir wirklich, daß Gott sich mit der Antwort zufriedengibt, wir hätten vor lauter Arbeit und Streß weder die Zeit noch die Ruhe dazu gehabt?

Raumfragen

«Chef», sagte der Innendienstleiter zu mir, «am 2. Januar kommt doch Ihr neuer Mitarbeiter. Sie hatten mir den Auftrag gegeben, für ihn ein Büro freizumachen, aber es hat nicht geklappt. Jeder schwört Stein und Bein, mit seinen Leuten nicht noch mehr zusammenrücken zu können. Ich bin am Ende mit meinem Latein. Jetzt müssen Sie ein Machtwort sprechen.» So war es immer, dachte ich. Hat einer erst einmal etwas, gibt er es nicht mehr her, sondern findet viele Gründe, plausible und irrationale, fundierte und vorgeschobene, um seinen Besitzstand zu wahren, sein Territorium zu sichern und seinen Machtbereich zu verteidigen.

«Zeigen Sie mir mal die Raumbelegungspläne», gab ich zur Antwort, und er schob mir die mitgebrachten Zeichnungen über den Tisch. Wir beugten uns darüber, studierten Achsmaße, Quadratzentimeterzahlen, eingetragene Mitarbeiternamen, fanden zwei Besprechungszimmer, von denen sicherlich auch eines genügen würde, und dann entdeckten wir einen großzügigen Raum ohne jede Bezeichnung.

«Wer sitzt hier?», fragte ich. In diesem Moment kam meine Sekretärin herein. Sie warf einen kurzen Blick auf die Zeichnung: «Das ist mein Archiv», erklärte sie, «es gehört zur Außendienstleitung, aber meiner Meinung nach könnten die ihre Akten genausogut im Keller aufheben, wie alle anderen auch.»

«Schreiben Sie», sagte ich und diktierte ihr eine Hausmitteilung mit der Order, die Fläche freizumachen.

Keine zwei Stunden, da stand der zuständige Abteilungsleiter auf der Matte und erklärte mir mit aller Redekunst und Überzeugungskraft, wie wichtig, ja lebensnotwendig genau dieses Archiv für das Tagesgeschäft sei.

«Warten Sie einen Moment», bat ich ihn, ging in mein Vorzimmer, rief von dort den Innendienstleiter an, fragte, wer diese Registratur verwaltete, telefonierte dann mit dem Betreffenden und erfuhr, daß es pro Woche zwischen einem und zwei Zugriffe auf das Material gab, mehr nicht. Als ich das dem immer noch erregten Abteilungschef freundlich sagte, fehlten ihm schlagartig alle Argumente. Es ist so schwer, ging es mir durch den Kopf, als die ganze Sache geregelt war, jemanden zu bewegen, einem anderen Platz zu machen.

In zwei Wochen würden wir wieder Weihnachten feiern und wie so oft schon den Anfang des Johannes-Evangeliums hören: «Er kam in sein Eigentum, aber die Seinen nahmen ihn nicht auf.» Da hatte es auch Raumprobleme gegeben, da war weder Raum in der etablierten Gesellschaft noch in den Herzen der Menschen für ihn.

Da kommt der Sohn Gottes in die Welt. Wir feiern das Jahr für Jahr mit Glockenklang, Kerzen, Weihnachtsbraten und vielen bunten Geschenken. Wir schmücken unsere Häuser mit kunstvoll dekorierten Tannenbäumen, wienern beim vorhergehenden Weihnachtsputz das Heim bis in den letzten

Winkel, aber dieser Jesus hat bei den meisten von uns keine Wohnung.

Wenn die Juden sich zum Passah in ihren Familien versammeln, tun sie es mit offener Wohnungstür, am gedeckten Tisch steht ein freier Stuhl und vor ihm ein eingeschenktes Glas Wein, denn es könnte sein, daß just in dieser Nacht Elia, der Prophet, kommt und unmittelbar nach ihm der Messias. Sie werden mit dieser Geste beide erwartet und ausdrücklich eingeladen.

Tun wir das auch? In unseren Gedanken, mit unserer Bereitschaft?

Hat Jesus Christus bei uns, bei Ihnen, Wohnrecht, und falls ja, wo? In der guten Stube? In der Küche? Im Schlafzimmer? In Ihrem Arbeitszimmer? Oder vielleicht doch lieber im Stall?

Zum Advent und am Heiligabend werden wir wieder das innige, schöne Lied singen: «Macht hoch die Tür, die Tor macht weit; es kommt der Herr der Herrlichkeit.»

Jesus Christus ist auf Wohnungssuche. Wie wäre es, wenn wir bei der fünften Strophe: «Komm, o mein Heiland, Jesu Christ, meins Herzens Tür dir offen ist», uns selber einmal die Frage stellten: Wirklich?